Lorsqu'il s'agit de gérer un marché de niche , l'un des plus grands défis auxquels les opérateurs sont confrontés consiste à faciliter les.[OBJ]

TROUVER SON MARCHÉ DE NICHE

transactions du début à la fin.

Chapitre 1

Contrairement aux détaillants, où un utilisateur clique simplement sur un bouton pour effectuer un achat, les utilisateurs du marché doivent communiquer entre eux avant d'effectuer une transaction.

Cela ajoute un obstacle supplémentaire, en particulier avec les marchés des petites annonces et des services grand public. Les plates-formes telles que Mudah, El

Clasificado, Carousell, Thumbtack et TaskRabbit requièrent beaucoup de communication entre acheteurs et vendeurs, en discutant de l'état des articles, de la logistique de livraison, des prix, etc.

Avec les propriétés de services grand public en particulier, la messagerie doit également englober la confiance et la sécurité. La communication doit donner l'assurance que l'utilisateur sera en sécurité, considérant qu'il laisse un étranger pénétrer dans son espace personnel.

En tant qu'opérateur de marché, vous pouvez penser que vous pouvez faire peu pour aider les acheteurs et les vendeurs dans ces conversations, mais en réalité, c'est loin d'être le cas. La technologie de messagerie numérique vous permet d'optimiser ces conversations et d'aider à mener à bien le processus d'achat.

Les entreprises se tournent vers des solutions de messagerie pour diverses raisons. En particulier, l'une des principales raisons est que les consommateurs modernes veulent s'engager individuellement avec les marques plutôt que de recevoir des communications de masse impersonnelles. Les systèmes de messagerie numérique contribuent à alimenter les conversations en tenant compte des préférences individuelles en matière de contenu, de calendrier et de canal, offrant ainsi aux acheteurs et aux vendeurs une expérience personnelle ultime avec votre marque.

Jetons un coup d'œil aux trois principaux avantages de l'utilisation de la technologie de messagerie basée sur AI pour améliorer l'expérience globale des acheteurs et des vendeurs qui utilisent votre plate-forme.

1.   Améliorer l'expérience d'intégration

En ce qui concerne la gestion de l'expérience utilisateur sur votre marché, notez que vous n'avez qu'une seule chance de faire une bonne première impression. C'est pourquoi l'utilisation de la messagerie ciblée pendant les phases d'intégration est essentielle pour établir une attente en matière de communication avec l'utilisateur. Contrairement à la messagerie classique, qui consiste à envoyer des messages génériques à des publics basés sur des données démographiques génériques telles que l'âge, le sexe ou l'emplacement, une technologie de messagerie optimisée vous permet de cibler des individus à un niveau 1: 1. critères tels que les actions et préférences de l'utilisateur.

Par exemple, si le client X préfère faire ses achats le soir et que le client Y préfère faire ses achats le matin, les solutions de messagerie optimisées permettent aux opérateurs de marché comme vous de planifier des campagnes push / email et de les sortir automatiquement. temps à chaque individu.

Par exemple, pendant le processus d'intégration, vous pouvez envoyer des messages aux acheteurs et aux vendeurs pour les encourager à suivre les meilleures pratiques générales en matière de communication sur votre plate-forme. En fonction du profil de chaque utilisateur, vous pouvez personnaliser l'expérience d'intégration en fonction des préférences de l'utilisateur et d'autres variables de votre choix.

Même des choses simples, telles que des choses simples comme rappeler aux vendeurs d'être attentifs aux demandes de renseignements, peuvent s'avérer utiles. Vous pouvez également encourager les vendeurs à aider les acheteurs, même si le vendeur ne peut pas vous aider (par exemple, si l'article est déjà vendu ou s'il ne peut pas vous aider avec les services demandés).

En mettant en œuvre ces solutions et en développant un processus d'intégration solide, vous pouvez augmenter efficacement la rétention et réduire le taux de désabonnement de votre place de marché (marketplace) .

2. Favoriser la croissance organique tout en améliorant la rétention client.

Si les vendeurs ne parlent pas de votre marché, vous risquez de perdre des clients potentiels pour vos concurrents.

C'est une chose de demander à vos acheteurs / vendeurs de faire connaître votre plate-forme, mais de telles demandes sont souvent ignorées. Plutôt que de recourir à une approche aveugle pour demander des références, vous pouvez utiliser des messages ciblés pour inciter les acheteurs / vendeurs à valeur élevée en fonction de vos objectifs. Par exemple, si vous souhaitez pénétrer une nouvelle verticale, vous pouvez cibler des utilisateurs intéressés par ce secteur spécifique.

Ces messages ciblés (promotions, conseils et mises à jour) proviendraient d'informations figurant dans des profils individuels de vos acheteurs / vendeurs.

Au fur et à mesure que de nouveaux utilisateurs affluent sur votre marché, vous aurez besoin d'une stratégie pour les garder engagés. En ce qui concerne les marchés des petites annonces et des services à la consommation, il est courant de perdre certaines transactions en raison de problèmes de communication. En utilisant la technologie de messagerie numérique, vous pouvez identifier les conversations qui ont décroché, puis envoyer un léger rappel / rappel automatique.
3. Pour aider à réduire les fuites
L'un des plus grands défis auxquels les opérateurs du marché sont confrontés est la fuite - le processus des utilisateurs prenant des transactions hors de la plate-forme. Cela engendre souvent de la frustration pour les acheteurs, car lorsqu'un article est vendu sur la plateforme, il n'est pas toujours retiré des listes du marché, ce qui incite l'acheteur à penser que les articles sont toujours disponibles.

Si cela se produit une fois, cela fait mal, mais si cela se produit à maintes reprises, cela peut faire assez mal pour que l'acheteur soit définitivement chassé. La plate-forme peut développer une association de marque négative pour l'acheteur et rechercher d'autres sites plus fiables là où cela ne se produit pas.

Pour éviter ces situations, vous pouvez utiliser la technologie de messagerie numérique pour envoyer des communications ciblées aux acheteurs / vendeurs après une période donnée afin de poser la simple question "Avez-vous effectué votre transaction avec succès?" la liste de produits / services peut être automatiquement supprimée. Ou si la transaction n'a pas abouti et que l'article est toujours disponible, plutôt que de conserver la liste sans rien changer, vous pouvez fournir des suggestions de prix et envoyer des messages au vendeur qui recommandent certains acheteurs individuels qui ont acheté ces mêmes articles articles avant.

Passer le message au niveau suivant.

Le secteur du marché est extrêmement compétitif, avec de nouvelles plates-formes surgissant chaque jour. Pour vous démarquer de la concurrence, vous avez besoin de tous les avantages possibles.

Le secteur du marché est extrêmement compétitif, avec de nouvelles plates-formes surgissant chaque jour. Pour vous démarquer de la concurrence, vous avez besoin de tous les avantages possibles.

Une communication efficace via la technologie de messagerie numérique peut être l'une des armes secrètes qui propulsent votre marché avant le pack. Il s'agit de penser stratégiquement non seulement à tous les moments "évidents" pour envoyer un message à un acheteur / vendeur (comme après avoir créé un profil ou acheter quelque chose), mais aussi les métriques les plus importantes.

La mise en œuvre de systèmes de messagerie sur votre marché ne doit pas nécessairement être difficile. Lorsque vous commencez, vous pouvez rechercher des solutions telles que l'interphonie et la dérive. Ces outils fournissent des interfaces simples qui permettent aux opérateurs du marché de créer des flux logiques «si / alors» afin de délivrer des messages aux bons utilisateurs lorsqu'ils sont le plus susceptibles d'être impliqués.

À mesure que votre marché évolue, vous pouvez envisager des solutions de messagerie basées sur l'IA. Ils sont similaires aux solutions de messagerie numérique mais sont plus avancés car ils permettent aux opérateurs du marché de développer des profils pour chaque utilisateur. Cela permet un message personnalisé, adapté aux préférences et aux besoins individuels en temps réel.

Combien co te le d marrage d'une activit type marketplace ?

Vous êtes un entrepreneur en herbe . Vous avez lu le guide pratique pour créer une entreprise type marketplace en ligne et vous êtes prêt à commencer. Cependant, vous vous interrogez toujours sur le coût de lancement d'une place de marché. Combien de temps et d'argent devez-vous investir avant que votre entreprise ne devienne durable?

Naturellement, il n'y a pas de réponse unique. Différentes industries nécessitent différents niveaux d'investissement. Dans cet article, nous supposerons que votre concept ne nécessite pas de fonctionnalité spécifique de la plate-forme et que vous ne devez pas affronter un concurrent comme Uber- avec des milliards de dollars dans son coffre de guerre.

Au lieu de cela, vous abordez un marché fragmenté de petits fournisseurs avec une proposition de valeur de marché typique: offrir aux petits fournisseurs une présence en ligne, un solide outil de facturation et davantage de prospects à travers le modèle de marché. Pendant ce temps, vos clients bénéficient de la possibilité de trouver tous les fournisseurs d'un seul endroit et de les comparer facilement.

Il est prudent de supposer que vous ne tirerez aucun revenu de votre marketplace au cours de sa première année. Les entreprises du marché sont imprévisibles, surtout à leurs débuts. S'appuyer sur les revenus futurs potentiels entraînera des problèmes. L'objectif principal de votre première année est de valider votre idée d'entreprise. S'il y a des revenus, c'est bien, cela signifie que vous avez plus de ressources et que vous pouvez vous déplacer plus rapidement. Cependant, si le concept ne fonctionne pas, vous devriez être prêt à perdre votre investissement initial.

Le budget de votre première année

Lorsque vous évaluez le coût d'une opération, vous devez toujours évaluer le temps et l'argent nécessaires. Vous pouvez généralement compenser le manque d'un en investissant plus de l'autre. Si vous avez beaucoup d'argent à dépenser, vous aurez besoin de moins de temps et vice versa.

Nous supposons que votre objectif est de créer une activité de marché rentable qui, à terme, fournira un revenu à temps plein au (x) fondateur (s), et de préférence

également aux autres. Pour pouvoir atteindre cet objectif, nous estimons que
l'investissement suivant est requis pour la première année:

3500 € (environ 300 € par mois, avec des coûts initiaux)
Puis la deuxième année 15 € par mois (coûts de votre hébergeur web).
20 heures de travail par semaine.
Ce scénario suppose que vous avez un montant relativement faible à dépenser,
mais beaucoup de temps. 20 heures de travail par semaine pendant environ un an,
soit environ 1000 heures au total, coûteraient bien sûr un peu d'argent en salaires.

Ce n'est pas un investissement insignifiant. Mais en même temps, nous pensons
que la plupart des habitants des pays occidentaux qui ont un emploi à plein temps
devraient pouvoir y parvenir.

Décomposons maintenant ce budget.

Où dépenser votre argent

Au cours de votre première année, votre argent sera consacré à deux tâches principales: la construction de la plate-forme et la diffusion de l'information.

Naturellement, lorsque vous commencez à gagner de l'argent avec votre place de
marchée , vous devrez créer une société juridique, obtenir un comptable, etc. Le
coût de ce processus varie considérablement d'un pays à l'autre, nous l'avons
donc laissé de côté.
(nous conseillons le statut auto entrepreneur en France)

Notre conseil général est de ne consacrer que du temps et de l'argent à la mise en
place de l'entreprise au moment opportun, et lorsque vous pouvez être sûr que
l'entreprise décolle réellement. Dans les premiers temps, agir en freelance et avoir
une sorte d'arrangement pour accepter de petites sommes d'argent devrait suffire.
Go-to-market.fr s'occupe de tout.

Comment occuper votre temps.

**Toutes les marketplace couronn s de succ s ont n cessit un investissement en temps consid rable
de la part de leurs fondateurs. Cela ne signifie toutefois pas qu'il suffit de mettre beaucoup d'heures.
Vous devez viser la qualit et non la quantit . Essayez d'identifier les choses les plus importantes que
vous pouvez faire et concentrez-vous sur celles-ci.**

**L'objectif de la premi re ann e n'est pas de devenir une grande entreprise, mais de valider votre
concept et de rassembler un public passionn initial. Si vous parvenez trouver 100 utilisateurs
pleinement engag s, c'est une grande r ussite.**

**Tu dois tre patient. Bien que vous souhaitiez valider votre concept rapidement, vous ne devriez pas
abandonner trop facilement. Les march s sont lents: cela peut prendre trois ans avant de pouvoir
d marrer. La principale raison de l' chec du d marrage est que les fondateurs abandonnent. Si vous
refusez simplement de quitter, vous tes beaucoup plus susceptible d'atteindre votre objectif.**

Nous pensons qu'une courte p riode, trois mois par exemple, ne suffit pas   valider un concept de
place de march   (marketplace). M me une ann e ne suffit pas pour voir si votre march   finira par
r ussir ou   chouera. Cela devrait toutefois   tre suffisant pour d terminer si votre id e m rite d' tre
poursuivie. Trois mois ne suffisent pas pour arriver   une telle conclusion.

Commencez par valider votre id e. Notez vos hypoth ses et passez le premier mois   parler aux
personnes de votre groupe cible et   valuer leur int r t.

Si vous obtenez une validation initiale, cr ez la plate-forme viable minimale. Avec go-to-market, cela
peut litt ralement   tre fait en un mois et demi . Vous souhaiterez   galement acheter un domaine,
commander un logo et cr er un blog, une liste de diffusion et des sites de m dias sociaux. Une fois
que vous avez d cid que votre id e m rite d' tre essay e, il est logique de commencer   bloguer et
d' tre actif sur les r seaux sociaux. De cette façon, vous pouvez commencer   cr er une audience
initiale avant m me de lancer votre site. Cette tape "setup" ne devrait pas prendre plus d'un mois.

Ensuite, il est temps de commencer   constituer un approvisionnement. Selon votre id e, il est
logique de passer de un   trois mois dans cette phase. Vous devez disposer de suffisamment de
mat riel lors de l'arriv e de vos premiers clients. N'oubliez pas de collecter constamment des
commentaires aupr s des fournisseurs, et de les modifier si n cessaire.

Dans le m me temps, continuez   bloguer,   tweeter et   cr er votre audience initiale. Il pourrait
 galement   tre judicieux d'assister   des v nements locaux durant cette p riode, en diffusant le
message et en collectant des adresses   lectroniques.

Une fois l'offre suffisante, il est temps de commencer   inviter les clients. Ne partez pas pour un
lancement de big bang. Invitez plut t un petit nombre de b ta-testeurs   partir de votre liste de
diffusion et demandez-leur de fournir des commentaires. Vous pouvez   galement participer   un
 v nement et inciter les participants   rejoindre votre site. Soyez cr atif en trouvant comment trouver
vos premiers utilisateurs. Les fondateurs de Pinterest sont all s au hasard dans les caf s et leur ont
demand d'utiliser le site en   change de caf gratuit. Si vous remarquez que la plupart des
utilisateurs rencontrent certains probl mes qui les emp chent de passer par des transactions,
corrigez-les avant de les lancer.

Lorsque vous lancez, le faire localement au d but est g n ralement une bonne id e. Le
positionnement local rend votre concept plus int ressant pour les m dias locaux. Cette premi re
presse aide votre lancement marketing.

Apr s le lancement, le reste de l'ann e devrait   tre principalement consacr aux discussions avec les
utilisateurs. D terminez pourquoi ils utilisent ou n'utilisent pas votre site. D couvrez quels sont leurs
probl mes et dans quelle mesure leurs histoires correspondent   vos hypoth ses initiales. Envoyez-
leur des e-mails, configurez des appels Skype et rencontrez-les en personne chaque fois que cela est
possible. Lorsque vous apprenez quelque chose de nouveau, mettez   jour votre plateforme ou votre
message marketing en cons quence.

Au-del de la premi re ann e: arriver   la rentabilit .

Apr s la premi re ann e, vous devriez avoir atteint un niveau de liquidit de base sur votre march :
les transactions se produisent en permanence et vous avez un groupe d'utilisateurs restreint mais
fid le qui continue   revenir et   tirer profit de ce que vous construisez. Le march , m me s'il ne cro t
pas n cessairement rapidement, fonctionne « seul".

Si vous n'avez pas atteint cet tat, cela ne signifie pas que vous devez quitter. Vous n'avez peut- tre
pas trouv le bon angle et devez continuer   essayer diff rentes choses. Mais une chose est s re: il
faut changer quelque chose. Vous devriez examiner votre concept de mani re critique, en vous
demandant: "Suis-je vraiment en train de r soudre un probl me assez grave"?

Une fois que vous avez atteint la liquidit , il est peut- tre temps de passer au niveau sup rieur. Si vous travaillez seul, faire appel une autre personne peut tre extr mement utile. long terme, g rer seul l'entreprise peut tre p nible sur le plan motionnel. Si vous avez toujours votre emploi de jour, vous devriez envisager de cesser de travailler pour vous concentrer temps plein sur votre march . La question du financement ext rieur par le biais du financement participatif ou de l'investissement priv pourrait galement tre l'ordre du jour, en fonction de votre niveau d'ambition.

Avant d'abandonner votre travail quotidien, assurez-vous de bien comprendre quel type de revenus est n cessaire pour subvenir vos besoins. M me si vous envisagez de collecter des fonds aupr s des investisseurs, vous devriez d'abord essayer d'atteindre ce que le gourou du d marrage, Paul Graham, appelle la rentabilit des ramen: le plus petit niveau de revenus possible qui vous permet de rester flot. Bien s r, ce niveau d pend de votre situation. Si vous tes tudiant dans un dortoir universitaire, vous pouvez vous en tirer avec moins que si vous avez trois enfants et une hypoth que. N anmoins, la rentabilit des ramen augmente consid rablement votre pouvoir de n gociation car vous n' tes plus oblig de prendre un investissement.

Que faut-il pour atteindre la rentabilit en BFR avec votre marketplace? R alisons un simple exemple de calcul en utilisant le chiffre que Graham a utilis dans son article: 1500 € par mois. Si nous examinons tous les placedemarch , la valeur moyenne des commandes est de 70 € et la commission moyenne de 13,4%. Si nous utilisons ces chiffres comme base, cela signifie que vous obtiendrez 9,40 € par transaction et que vous aurez donc besoin de 160 transactions par mois pour atteindre un revenu mensuel de 1 500 €. C'est peine plus de 5 transactions par jour. Cela peut ne pas sembler beaucoup, mais beaucoup de travail est n cessaire avant de pouvoir maintenir cette transaction semaine apr s semaine.

Pour calculer rapidement le nombre de transactions dont vous avez besoin pour atteindre votre objectif et comment diff rentes variables (telles que la valeur moyenne des commandes et la taille de votre commission) affectent la situation, vous pouvez utiliser cette calculatrice pratique. C'est une bonne id e d'effectuer ces calculs d s le d but pour comprendre le d fi auquel vous tes confront .

En dernier point.

Chez Go-to-market, l'un de nos trois principaux objectifs est de d mocratiser la propri t de la plate-forme. En d'autres termes, nous voulons rendre facile et abordable pour quiconque de construire et de g rer leur march . Bien que tout le monde ne soit pas en mesure d'investir 3500€ et 20 heures par semaine, beaucoup plus de personnes ont la possibilit de cr er leur propre march en ligne que jamais auparavant. En fait, si vous lisez ceci, il est probable que vous disposiez de toutes les ressources n cessaires pour cr er un march .

Si vous avez suffisamment d'argent, vous pouvez prendre certains raccourcis et vous n'aurez peut- tre pas besoin d'investir autant de temps. Si vous manquez d'argent, vous pouvez le compenser en investissant plus de temps.

La plupart des entreprises du march n' chouent pas parce qu'elles manquent de ressources pour continuer. La plupart d'entre eux chouent parce que les fondateurs perdent la foi. Dans certains cas, cela est justifi ; toutes les id es de march ne sont pas bonnes. Cependant, dans de nombreux cas, ceux qui continuent d'essayer et d'it rer patiemment finiront par r ussir.

Nous esp rons que cet article vous donne un bon aperçu de la mani re de commencer avec des ressources limit es et de les utiliser judicieusement. Bonne chance pour b tir votre entreprise!

Chapitre 2

Dans cet article, nous pr senterons des solutions de confiance conçues   la fois par des noms
familiers et des plates-formes P2P moins connues, certaines avec une empreinte mondiale et
d'autres plus locales dans quatre secteurs cl s:

-Transport
-Les espaces(appartement maison ect)
-Des biens
-Prestations de service

La diversit des solutions d'assurance personnalis es sur les plates-formes d' conomie de partage
t moigne de la cr ativit , de l'attitude dynamique et de la d termination du secteur   garantir
l'assurance et la confiance en tant que pilier essentiel de leurs mod les conomiques. Nous esp rons
que les entrepreneurs en herbe trouveront des points communs avec leur entreprise et seront
inspir s par certains des exemples pr sent s ci-dessous.

1.   Transport

Turo
  tabli en 2009, Turo-anciennement appel RelayRides est une marketplace de partage de voiture P2P
qui permet aux propri taires de voitures priv es de louer leurs v hicules. Alors que la soci t se
concentrait l'origine sur la location de voitures   court terme, la majorit de sa croissance a t
port e par des locations plus longues d'un jour ou plus. En novembre 2015, RelayRides a t
rebaptis Turo pour refl ter le passage de l'entreprise   des sorties   court terme.
La location moyenne pour la soci t est maintenant d'environ quatre jours. La soci t a lanc son
service au Canada en avril 2016 et au Royaume-Uni en d cembre 2016.

Uro a conclu un accord avec Liberty Mutual aux tats-Unis et avec Intact Insurance au Canada.
D'autres assureurs devraient soutenir Turo alors que davantage de clients utilisent l'application.
L'ann e derni re, La Capitale General Insurance et sa filiale L'Unique General Insurance ont permis
leurs clients de participer au service peer-to-peer de Turo.

Aux tats-Unis, la soci t offre une couverture de responsabilit de 1 million de dollars pour prot ger
les propri taires de voitures contre les poursuites pour blessures et dommages mat riels. De
mani re g n rale, les voitures list es doivent tre fabriqu es en 2005 ou plus tard avec un compteur
kilom trique inf rieur 130 000 miles. Tous les utilisateurs de Turo sont examin s des fins de
confiance et de s curit . Si un h te Turo (propri taire) utilise sa voiture pour son usage personnel, la
couverture d'assurance personnelle du propri taire s'applique. Une fois que le v hicule est livr   un
locataire de Turo ou est utilis par un locataire, la couverture d'assurance commerciale de Turo se
d clenche.

Les locataires turcs ont la possibilit d'acheter une assurance aupr s de Turo lorsqu'ils louent un
v hicule, comme ils le feraient avec une soci t de location de voitures standard. Turo propose trois
plans de protection des v hicules pour les propri taires aux tats-Unis: "Premium", "Standard" et
"Basic". Tous sont factur s en tant que frais suppl mentaires pour chaque voyage. Chacun des trois
plans Turo pr voit une protection de 1 000 000 $, mais diff re d'autres mani res, notamment en ce
qui concerne la mani re dont les dommages physiques sont couverts. Si un accident se produit lors
d'un voyage Turo, les d tenteurs d'un r gime de protection "Premium" ou "Turo" recevront un
v hicule de remplacement ou seront rembours s jusqu' 30 $ par jour (jusqu' 10 jours) pour le
transport pendant la r paration du v hicule. Les conditions sont galement l g rement diff rentes au
Canada: si un propri taire choisit de refuser un plan de protection Turo, il doit fournir une assurance
commerciale v rifi e par Turo avant de louer ses v hicules.

L'assurance est absolument essentielle pour Turo. En poursuivant leur expansion, Turo investit dans
l'innovation en mati re d'assurance. Au Royaume-Uni, par exemple, Turo a lanc une nouvelle offre
OPI (assurance fournie par le propri taire). Cela signifie que les petits propri taires de flotte au
Royaume-Uni peuvent inscrire leurs voitures sur Turo s'ils fournissent leur propre police d'assurance
commerciale.

Drivy
Drivy est une start-up de partage de voiture peer-to-peer qui est devenue la plus grande market
place de location de voitures en Europe. Drivy a t fond e en France en 2010 et a commenc son
expansion l'international avec l'Allemagne en 2014, suivie par l'Espagne en 2015. Drivy a poursuivi
son expansion internationale en juin 2016 en lançant ses services en Belgique et en Autriche, des
mois apr s avoir lev 31 M €. Actuellement, Drivy r pertorie plus de 40 000 voitures, compte un
million d'utilisateurs et cherche se d velopper dans plus de pays europ ens.

Selon Drivy, l'assurance est un pilier fondamental de son activit . En 2010, il a fallu un an Drivy
pour obtenir un contrat sp cifiquement adapt   la location de voiture entre particuliers. Le fondateur
de Drivy, Paulin Dementhon, a fait le tour des assureurs avant de signer un partenariat avec MMA:

-L' conomie de partage tait nouvelle pour les assureurs l' poque. Pour les assureurs, il tait tr s risqu
d'assurer le mod le commercial de covoiturage P2P, car il n'existait pas de donn es ou de donn es de
r ussite.

-En 2014, Drivy s'est tourn vers Allianz pour offrir une protection suppl mentaire aux conducteurs,
fournissant une couverture pour la responsabilit civile et les dommages corporels. Les propri taires
de voitures sont galement indemnis s en cas de dommages. Drivy s'est galement associ
Mondial Assistance, qui fournit une assistance en cas de panne.

Lorsqu'une location est enregistr e sur Drivy, son produit d'assurance Allianz remplace
automatiquement l'assurance du propri taire de la voiture pour la dur e de la location. Le co t de la
prime d'assurance est compris dans les prix de location affich s sur le site et repr sente environ la
moiti de la commission de Drivy. Drivy r pertorie les voitures et camionnettes commerciales
«standard» de moins de 3,5 tonnes. Les voitures de luxe, les motos, les camping-cars et les quads ne
sont pas accept s. En cas d'accident, le conducteur paie les frais de r paration jusqu' la franchise
d'assurance et l'assurance prend en charge le reste. Drivy couvre la responsabilit civile, les
dommages caus s votre voiture, le feu et le vol par le locataire ou un tiers.

Le m me produit d'assurance est disponible dans tous les pays o Drivy exerce ses activit s. Il a
 galement apport un certain nombre d'am liorations sa couverture d'assurance, telles que des
franchises r duites et des franchises compl tes. Au d but, Drivy n'offrait qu'une seule franchise de
800 €. Au fil du temps, il s'est rendu compte que la franchise tait co teuse par rapport au prix des
locations et au budget de leurs utilisateurs. Elle a donc introduit une option de franchise r duite de
150 €.

Pour r pondre l' volution de la demande des utilisateurs et des modes de vie, Drivy d veloppe
actuellement une autre version de son contrat d'assurance. Par exemple, ils passent
progressivement des locations de trois jours des locations la journ e et la demi-journ e qui
peuvent tre r serv es quelques minutes l'avance. En utilisant des applications mobiles, Drivy rend
son produit d'assurance de moins en moins disponible pour permettre des locations plus courtes. En
outre, Drivy fournit des services d'assurance sans papier en option. Les d tails concernant l' tat et le
kilom trage du v hicule sont affich s directement sur l'application du propri taire. Les contrats
mobiles et les signatures lectroniques sont galement disponibles.
La couverture de Drivy peut tre r sum e comme suit:

Vol, incendie et dommages au v hicule jusqu' 50 000 €.

-Les v hicules g s de moins de 12 mois sont couverts pour leur valeur d'achat (par opposition   -la
valeur calcul e par un expert).
-Toutes les parties du v hicule (comprenant les parties sup rieures), le verre bris et les pneus (
l'exception des crevaisons) sont assur s.
L'assistance routi re couvre le d pannage complet de votre v hicule et le transport jusqu' l'atelier
de r paration pour le r cup rer en cas de panne ou d'accident.

BlaBlaCar
BlaClaCar, la start-up française fond e en 2006, est aujourd'hui la premi re entreprise de covoiturage
en Europe, permettant aux passagers et aux conducteurs de prendre la m me direction pour partager
le voyage et les co ts associ s. Dans certains pays, BlaBlaCar facture une commission pour chaque
trajet partag . La soci t est actuellement valu e plus d'un milliard de dollars, elle est active dans
plus de 20 pays et compte plus de 25 millions d'utilisateurs inscrits.
En mai 2015, BlaBlaCar a annonc un partenariat avec AXA pour proposer ses utilisateurs français
un produit d'assurance innovant offrant une couverture d'assurance gratuite suppl mentaire pour le
covoiturage longue distance (en plus des polices d'assurance existantes des conducteurs). Le
partenariat a ensuite t tendu l'Espagne, l'Italie, l'Allemagne, au Royaume-Uni et la
Belgique, o des conditions l g rement diff rentes s'appliquent.

La politique comprend:

R partition et couverture
Toutes les personnes dans le v hicule sont couvertes avec un maximum de 6 passagers. Le cas
 ch ant, la couverture comprendra la r paration et / ou le remorquage sur le bord de la route
jusqu'au garage le plus proche, le transport vers la destination pr vue ou le retour au point de
ramassage, ainsi que l'h bergement de nuit.
Protection l gale
En cas d'incident lors d'un trajet, les conducteurs peuvent appeler une ligne d'assistance 24 heures
sur 24 pour obtenir des conseils juridiques. Les frais juridiques sont galement couverts jusqu' 10
000 €.
Accident personnel
BlaBlaCar augmente le niveau de protection des conducteurs. En cas d'accident grave entra nant un
d c s ou une invalidit totale permanente, le conducteur ou ses b n ficiaires reçoivent un
suppl ment de 25 000 €.
Les passagers sont assur s de conduire
Tous les frais d'assurance suppl mentaires sont couverts.
Objets trouv s

2. les espaces

Airbnb
Plate-forme d'h bergement peer-to-peer Airbnb a t fond e   San Francisco en 2008. Aujourd'hui,
la soci t compte plus de 3 000 000 annonces dans 65 000 villes et 191 pays. En mars 2017, Airbnb
a r uni un financement suppl mentaire de 1 milliard de dollars avec une valorisation de 31 milliards
de dollars.

Un incident marquant en 2011, appel «Ransackgate», concernait une femme louant son
appartement San Francisco sur Airbnb. Les invit s ont vandalis la propri t , br lant un grand
nombre de ses biens et vol des certificats de naissance, des num ros de s curit sociale et des
cartes de cr dit conserv es dans un coffre-fort. Cet v nement a incit Airbnb cr er une garantie
h te de 1 million de dollars souscrite par Lloyd's of London et   l'offrir gratuitement dans plusieurs
pays. Cette garantie h te doit tre signal e dans un d lai de 14 jours, couvre uniquement les
dommages mat riels d lib r s caus s par un invit , est appliqu e au-del de la politique principale
de tout propri taire, et seulement apr s avoir cherch   obtenir des dommages-int r ts aupr s de
l'invit . Le surintendant de l' tat a examin s'il existait un cart de responsabilit , ce qui a incit
Airbnb   mettre en place une assurance de protection des h tes en novembre 2014. Elle fournit
automatiquement une couverture de 1 million de dollars aux h tes en plus de leur couverture
primaire.

Garantie h te

La garantie h te Airbnb offre une protection pouvant atteindre 1 000 000 $ pour les dommages
caus s   la propri t ou aux biens en cas de dommages sup rieurs au d p t de garantie ou en
l'absence de d p t de garantie.

Le programme de garantie d'accueil ne couvre pas les esp ces et les titres, les objets de collection,
les œuvres d'art rares, les bijoux, les animaux de compagnie ou la responsabilit personnelle. Le
programme ne couvre pas non plus les pertes ou dommages mat riels dus   l'usure.

Assurance protection de l'h te

Le programme d'assurance Protection de l'h te offre une couverture de responsabilit principale
pouvant atteindre 1 000 000 $ par v nement en cas de r clamation par un tiers de dommages
corporels ou mat riels li s un s jour Airbnb. Le programme d'assurance Protection de l'h te est
disponible pour les h tes, ind pendamment de leurs autres contrats d'assurance, mais ne servira
que de couverture d'assurance primaire pour les incidents li s un s jour Airbnb.

Selon certains analystes, Airbnb n'offre pas d'assurance. Plut t, cette couverture est offerte en tant
que "programme" et est compl tement subjective, car l'h te ne figure sur aucune police
d'assurance. Airbnb a le dernier mot sur le r glement des sinistres.

Voir les conditions de service Airbnb:

Airbnb recommande que les h tes obtiennent une assurance appropri e pour leurs logements.
Veuillez examiner attentivement toute police d'assurance que vous avez contract e pour votre
h bergement, en particulier, assurez-vous de bien conna tre et comprendre toute exclusion et toute
franchise pouvant s'appliquer   cette police d'assurance, y compris, sans que cela soit limitatif: que
votre police d'assurance couvre ou non les actions ou les inactions des invit s (et des personnes que
l'invit invite l'h bergement, le cas ch ant) lors de votre h bergement.

Vrumi
Vrumi, le "Airbnb de l'espace de travail partag ", connecte les personnes   la recherche d'espaces
de travail abordables aux propri taires avec des salles de jour   louer. Elle a t fond e   Londres en
2014 et cible les travailleurs ind pendants, les ind pendants, les micro-travailleurs et les autres
professionnels qui souhaitent trouver des lieux de travail dans des domaines qu'ils n'ont pas les
moyens de se payer. Pour les m nages, Vrumi fournit une source suppl mentaire de revenus dans
les pi ces de leur maison qui restent inutilis es pendant la journ e.

Vrumi s'est associ   SafeShare Global, une start-up sp cialis e dans l'assurance bas e sur la
blockchain et souscrite par Lloyd's of London. Le produit d'assurance utilise la technologie de la
cha ne de blocs pour confirmer les obligations des contreparties, ce qui permet un produit flexible et

r actif   un prix raisonnable. Le grand livre sous-jacent r pliqu , faisant autorit et immuable
garantit le maintien d'un dossier de confiance des assur s.

Roddy Campbell, co-fondateur de Vrumi note:

- L'assurance est le plus gros probl me pratique auquel nous sommes confront s, non pas qu'elle
soit insoluble, mais que le secteur de l'assurance ne soit pas conçu pour nous, il faudra donc du
temps pour d velopper une gamme de produits .

Le service d'assurance organis   par Vrumi est opt-in et comprend un service d'assistance
t l phonique 24 heures sur 24. En vertu de cette police, Vrumi est le titulaire principal de la police et
chaque h te est une «personne assur e» nomm e pour chaque transaction effectu e par
l'interm diaire du site Web. Chaque h te est convaincu que la police d'assurance fournit une
couverture compl te, convient   l'utilisation de Vrumi et n'est pas affect e par les actions des autres
utilisateurs de Vrumi.

3.Les Marchandises

KitSplit
KitSplit est un r seau de location P2P pour cam ras et quipements connexes. Les photographes qui
ont besoin d' quipements dans un lieu sp cifique sont mis en contact avec des propri taires
dispos s   louer leur quipement. La soci t a t fond e en 2014   New York par des photographes
m contents des options de location de mat riel. KitSplit compte des dizaines de milliers
d'utilisateurs, principalement sur la c te Est des tats-Unis. Ils ont galement lanc dans plusieurs
r gions des tats-Unis.
Gear on rent offre un large ventail de valeur, allant des accessoires de cam ra de tr s faible valeur
aux cam ras d'une valeur allant jusqu' 100 000 dollars. Pour certains utilisateurs, l' quipement
qu'ils louent sur KitSplit repr sente une partie de leurs biens les plus pr cieux, ce qui rend la
disponibilit de l'assurance indispensable   la plate-forme.

KitSplit avait une vision du type d'assurance qu'ils souhaitaient: un programme qui couvrirait tous les
types d' quipements de cam ra, d'une valeur de 50 dollars   100 000 dollars, et une assurance
pouvant tre achet e instantan ment sur le site au cours du processus de commande.
KitSplit a parl   des dizaines de courtiers et de fournisseurs d'assurances qui ne comprenaient pas
le mod le conomique et a d clar que "ce type d'assurance ne peut tre fait". Enfin, ils ont trouv
quelques courtiers de premier plan dans l'industrie du film et du divertissement avec lesquels ils ont
pu cr er un plan: les locataires doivent souscrire une assurance, une dispense de dommages ou
laisser un d p t complet, comme indiqu ci-dessous. De plus, l'entreprise value toutes les
personnes qui se joignent   KitSplit pour assurer la s curit sur la plate-forme.

Les polices d'assurance locative KitSplit:

1. Achetez une assurance locative   court terme ou une garantie contre les dommages:
Les locataires peuvent acheter une assurance-dommages ou une police d'assurance   court terme
la caisse et obtenir un devis instantan et une couverture instantan e pour toute location.
L'exon ration des dommages est pour un quipement de moins de 10 000 $, tandis que l'assurance
court terme est pour un quipement de plus de 10 000 $.

2. Utilisez votre assurance quipement   long terme:
Les locataires peuvent utiliser leur propre politique d' quipement   long terme pour couvrir les
locations. La politique doit tre actuelle et ligible pour couvrir la location. Le locataire doit
t l charger un certificat d'assurance indiquant le propri taire de l' quipement et KitSplit en tant que
b n ficiaire et d tenteur du certificat. L' quipe de KitSplit appellera la compagnie d'assurance pour
v rifier que l'assurance couvre correctement l' quipement.

3. Laissez un d p t pour la valeur totale de l' quipement:

Pour les locations de moins de 5 jours, les locataires peuvent choisir de d poser un acompte
correspondant   la valeur de l' quipement sous la forme d'une retenue de carte de cr dit.

Peerby
Peerby, une start-up sociale bas e   Amsterdam, a t cr   e en 2012. Elle permet aux gens
d'emprunter ou de louer des objets aupr s de leurs voisins via une plateforme en ligne. Sa mission
est de "donner un acc s instantan   tout, partout pour tous". Peerby a commenc   comme emprunt
amical entre voisins apr s que la maison du fondateur, Daan Weddepohl (que nous avons interview
plus t t), a br l .   partir de cette exp rience, Weddepohl a r alis   que de nombreuses personnes
  taient dispos es   aider les autres en leur pr tant des choses et ont d cid   de cr er une entreprise
qui faciliterait les choses.
   propos de Google TraductionCommunaut Mobile

Depuis lors, Peerby est devenu un site Web hyperlocal avec des communaut s actives dans plus de
20 villes   travers l'Europe, y compris Londres et Paris. Elle a lanc   des projets pilotes dans plus de
10 villes am ricaines telles que New York et San Francisco. Elle esp re avoir un r seau de
propri taires et de locataires dans toutes les grandes villes am ricaines d'ici 2017. Actuellement, le
site compte plus de 500 000 membres inscrits.

Le mod le commercial initial de Peerby   tait bas   sur la d couverte de Weddepohl selon laquelle de
nombreuses personnes sont heureuses de pr ter des articles   leurs voisins gratuitement.
Aujourd'hui, cependant, les articles d'une valeur allant jusqu'   2000 € (c'est- -dire les v los de
transport et les consoles de jeu) sont   chang s sur le site, ce qui am ne de nombreux utilisateurs
s'inqui ter de la disparition ou de l'endommagement de leurs articles. En cons quence, l'entreprise a
d cid   de vendre des services d'assurance et de livraison plut t que de prendre une r duction des
frais de location.

Au d part, Peerby s'est associ e   une compagnie d'assurance pour permettre aux pr teurs d'exiger
que les emprunteurs paient un suppl ment pour assurer le produit en cas de dommage, de vol ou de
perte. Cependant, l'achat d'une assurance exigeait que les emprunteurs franchissent des obstacles
suppl mentaires et la plupart d'entre eux finissaient par choisir des articles qui ne n cessitaient pas
d'assurance.

En faisant le bilan de l'exp rience, Peerby a d cid   de renoncer   la couverture d'assurance
optionnelle et d'appliquer des frais de transaction   toutes les locations, am liorant ainsi
consid rablement l'exp rience utilisateur pour les emprunteurs. Ce changement leur a permis
d'assurer eux-m mes tous les articles en incluant les frais de remplacement ou de r paration.

Weddepohl refl te:

-Je pense que vous ne devriez travailler avec des partenaires d'assurance que si le risque financier est trop
  lev   pour vous. Dans notre cas, nous traitons des articles de valeur relativement faible et nous avions
suffisamment de donn es pour savoir que le ratio d'incidents   tait plut t faible. Par cons quent, il est plus
rentable pour nous de s'auto-assurer. Cela nous a   galement permis d'offrir une exp rience plus fluide
nos utilisateurs.

Zilok

Zilok a t fond e   Paris en 2007. La plate-forme permet aux propri taires d'objets et aux personnes
d sireuses de louer des articles de se rencontrer et de partager en toute s curit   des objets proches
de leur lieu de r sidence. 400 000 articles sont r pertori s en ligne et plus de 350 000 membres
utilisent r guli rement la plateforme uniquement en France. Les propri taires reçoivent le prix
demand , tandis que les locataires paient des frais de r servation sur la plate-forme (20% du prix de
la location), qui servent   payer le service, y compris l'assurance.

Depuis sa cr ation, la couverture d'assurance faisait partie int grante du mod le   conomique de
Zilok. La PDG Alexandra Escribe dit:

- Nous pensons que l'assurance est absolument critique et nous permet de cibler un large   ventail de
la population française. Notre   vidence la plus   vidente est le fait que certains acteurs de l'industrie
n'ont pas d'assurance et ont du mal   atteindre la masse critique.

En fournissant des assurances, Zilok vise r pondre aux besoins fondamentaux des utilisateurs en
mati re de s curit et compl te les autres mesures de s curit offertes par la plateforme, telles que
les valuations 360 ° (propri taire, locataire, article), les contrats de location individuels et le
service client r actif. En janvier 2017, Zilok a transf r son fournisseur d'assurance MAIF,
fournissant tous les utilisateurs de Zilok le m me produit d'assurance et les m mes conditions pour
les 700 cat gories d'articles en France, Monaco, en Belgique et en Andorre.

La couverture d'assurance MAIF comprend:

Compensation jusqu' 2000 €, calcul e en fonction de l' ge, de la cat gorie et de l' tat du produit.
Couverture pour toutes les cat gories d'articles (l'exception des v hicules motoris s) pour les
propri taires dont les articles ont t bris s ou vol s pendant la dur e contractuelle de la location.

Spinlister
Spinlister est une plate-forme P2P pour partager des articles de sport en plein air, en particulier des
v los, des planches de surf, des SUP, des skis et des snowboards. Elle a t fond e en 2011 et a son
si ge en Californie. Les v los sont le principal march de la soci t . La plate-forme a des inscriptions
dans 63 pays et des utilisateurs de 120 pays travers le monde. Spinlister prend une r duction de
17,5% des frais d'inscription. En 2016, Spinlister a largi sa plate-forme pour inclure les magasins de
v los et les soci t s de location de v los dans le cadre de son programme de partenariat Bike Shop.

D s le d part, Spinlister a garanti les articles list s. En cas de vol, de dommage ou de perte, le trajet
est couvert par le locataire, comme indiqu dans l'accord de location. Cependant, si le trajet est
endommag ou vol pendant une p riode de location et que le locataire est incapable de rembourser
la juste valeur du trajet, Spinlister s'assurera automatiquement et couvrira le co t en fonction de la
valeur marchande et du lieu. Le programme de garantie Spinlister n'est pas une assurance et ne
remplace pas l'assurance du propri taire ou du locataire. La garantie ne couvre pas les locataires,
qui sont responsables de tout dommage ou vol survenu pendant leur location. Cependant, les
locataires peuvent acheter le vol ou la protection contre les dommages pour leurs r servations.

En juillet 2014, Spinlister a doubl sa garantie pour couvrir les v los jusqu' 10 000 dollars. La
couverture inclut les utilisateurs aux tats-Unis, Canada, Allemagne, Royaume-Uni, Irlande, Espagne,
Italie, Portugal, France, Pays-Bas, Suisse, Belgique, Su de, Danemark, Autriche, Japon, Nouvelle-
Z lande et Australie.

Spinlister sponsorise IRONMAN, GranFondo NY et d'autres preuves de v lo haut de gamme depuis 2
ans. Bon nombre des v los de triathlon valent plus de 5 000 $ et il est donc essentiel que l'entreprise
s'assure que les triathl tes se sentent l'aise de louer leurs v los.

Le programme de garantie Spinlister

V los: jusqu' 10.000 dollars am ricains r pertori s aux tats-Unis, Canada, Allemagne, Royaume-
Uni, Irlande, Espagne, Italie, Portugal, France, Pays-Bas, Suisse, Belgique, Su de, Danemark,
Autriche, Japon, Singapour, Hong Kong, Nouvelle-Z lande et Australie.
Surfboard & Stand Up Paddleboards (SUP): jusqu' 2 000 $ r pertori s partout dans le monde.
Skis et snowboards: jusqu' 1 000 $ r pertori s partout dans le monde.

4. Services
TaskRabbit
Fond en 2008, TaskRabbit est une marketplace P2P qui associe les ind pendants la demande
locale, permettant aux utilisateurs de trouver une aide imm diate pour les t ches quotidiennes telles
que le nettoyage, le d m nagement, la livraison et le travail manuel. TaskRabbit op re dans 24 villes
des tats-Unis et du Royaume-Uni. La soci t a r cemment annonc une expansion dans 5 nouvelles
villes. Il y a plus de 60 000 Taskers sur la plate-forme, avec environ 20 000 nouvelles applications
organiques Tasker reçues par mois.

En juillet 2014, la soci t a lanc un produit d'assurance, le «TaskRabbit Happiness Pledge», pouvant
atteindre 1 million de dollars pour des dommages mat riels ou des dommages corporels. Il assure
 galement les pertes dues au vol pour un maximum de 10 000 dollars. TaskRabbit lui-m me couvre
les primes et la franchise de l'assurance.

L'offre d'assurance s'inscrivait dans le cadre d'une refonte globale du mod le d'entreprise qui a eu
lieu dans l'entreprise en 2014. TaskRabbit a d clar :
- L'assurance est un grand pas en avant pour convaincre les personnes qui n'ont pas utilis le
service que c'est s r, tout en insistant sur le fait que tout est parfaitement s r depuis le d but. Les
gens ont dit vouloir un moyen plus robuste et syst matique de savoir que chaque t che est couverte.

En outre, TaskRabbit a mis en place un processus complet de v rification et de v rification des
ant c dents que chaque Tasker doit effectuer pour effectuer des t ches sur la plate-forme, y compris
une s ance d'orientation en personne.

TaskRabbit a une garantie similaire   Airbnb en ce sens qu'elle prot ge ses clients et Taskers jusqu'
1 000 000 $ en cas de pertes ou de dommages. TaskRabbit couvrira   la fois les dommages caus s
la maison d'un client et les blessures m dicales subies par un client, Tasker ou une tierce partie.
Dans les deux cas, le Tasker doit tre trouv n gligent dans l'incident pour que TaskRabbit le couvre.
Si un Tasker est bless et que le client est trouv n gligent, la police d'assurance des locataires du
client couvrira la facture m dicale de Tasker. La garantie de TaskRabbit, cependant, est une
couverture secondaire   toute assurance ou polices que le locataire peut d j avoir en place. Ceux-ci
comprennent la couverture d'assurance m dicale, l'assurance du locataire, l'assurance du
propri taire, etc. En outre, toutes les plaintes doivent tre d pos es dans les 14 jours suivant l'action
qui a donn lieu   la demande.

R sum de la garantie:

TaskRabbit indemnisera les utilisateurs, clients et Taskers, jusqu' concurrence de 1 000 000 $ par
incident pour les pertes r sultant:

Dommages mat riels r sultant directement de la n gligence d'un Tasker lors de l'ex cution d'une
t che
Blessure corporelle subie par un client, Tasker ou un tiers en cons quence directe de la n gligence
d'un Tasker pendant l'ex cution d'une t che
Les clients jusqu' 10 000 $ par occurrence pour les pertes r sultant du vol de propri t s de clients,
de Tasker ou de tiers par un Tasker lors de l'ex cution d'une t che.

Pratique
Handy a t cr en 2011   New York. La plate-forme met en relation des personnes   la recherche
de services domestiques avec des professionnels des services ind pendants pr -s lectionn s. Handy
correspond   des milliers de clients chaque semaine avec des professionnels de confiance dans des
villes du monde entier. La plate-forme offre un processus de r servation transparent de 60 secondes,
un paiement s curis et une garantie de remboursement   100%.

La garantie Handy Happiness stipule:

Votre bonheur est notre objectif. Si vous n' tes pas heureux, nous travaillerons pour que tout soit
bien r gl . Handy s'efforce de vous proposer le bon professionnel pour vous et votre maison
chaque fois. Si vous n' tes pas satisfait de la qualit du service de l'un de vos pros, faites-le nous
savoir et nous travaillerons pour le corriger.

Si le client n'est pas satisfait de la qualit d'un service demand et pay via la plate-forme Handy,
Handy enverra un autre professionnel pour refaire le service.

Chaque r servation effectu e via la plateforme Handy est assur e. Sous r serve de certaines
conditions, la garantie Handy Happiness s'applique si l' tendue du travail factur n'a pas t
compl t e   la satisfaction du client ou si la propri t a t endommag e en cons quence directe du
service. La r clamation doit tre formul e dans les 72 heures. La garantie Handy Happiness ne
compensera que les pertes non couvertes par l'assurance personnelle du client.

Handy indemnisera les demandeurs:

Jusqu' 20 000 USD pour les pertes r sultant de dommages mat riels r sultant directement d'une
n gligence.
Jusqu' 5 000 USD pour les pertes r sultant d'un vol.

Pour finir

Un l ment cl   retenir est que l'assurance reste un territoire inconnu pour la plupart des acteurs impliqu s. Il y a une courbe d'apprentissage abrupte pour tout le monde. Cependant, l'avenir semble prometteur. Comme nous l'avons montr , les plates-formes, les assureurs, les courtiers et les insurtechs collaborent de plus en plus pour co-cr er des solutions sur mesure innovantes dans diff rents secteurs pour r pondre aux besoins d'un large ventail d'utilisateurs et de mod les commerciaux. Nous assistons galement   une p riode de changement rapide et d' normes opportunit s, o les plates-formes peuvent potentiellement apporter une valeur ajout e unique   leurs utilisateurs, acqu rir un avantage concurrentiel et attirer une base d'utilisateurs plus s curis e.

Si, apr s avoir lu cette s rie, vous n' tes toujours pas s r des aspects pratiques de l'assurance et de son lien avec les exigences particuli res de votre plate-forme, soyez assur : nous sommes l pour vous accompagner tout au long du processus. Au cours des derniers mois, nous avons men plusieurs entretiens avec des plateformes et des leaders d'opinion sur le terrain afin de mieux comprendre leurs exp riences et les leçons apprises. Nous compilons toutes les informations sous la forme d'un livre lectronique convivial qui sera disponible au t l chargement dans les prochains mois. Inscrivez-vous   notre newsletter et regardez cet espace pour un dernier volet de conseils pratiques pour vous aider   choisir la bonne assurance pour vous tout en tirant les leçons des exp riences d'autres entrepreneurs.

Chapitre 3

Comment trouver une bonne id e de Marketplace ?

Peut- tre avez-vous d j une id e d'entreprise que vous ne pouvez pas perdre de vue. Ou peut- tre tes-vous enthousiasm par la promesse de l' conomie collaborative et explorez-vous diff rentes idées? Dans les deux cas, nous supposons que vous êtes intéressé par la création d'une activité commerciale réussie avec des milliers d'utilisateurs.

Selon le manuel de démarrage de Sam Altman, quatre éléments sont essentiels au succès: l'idée, le produit, l'équipe et l'exécution. Les mêmes principes de base s'appliquent que vous construisiez une entreprise mondiale, une coopérative locale ou un organisme sans but lucratif. Tout commence par l'idée.

Dans cet article, nous allons aborder les sujets suivants:

Pourquoi vous devez résoudre un problème concret
Comment trouver des marchés prêts à être perturbés
Comment améliorer les solutions existantes en ajoutant une couche de confiance
Pourquoi il est important de restreindre votre attention
Comment faire une étude de marché
Résoudre un problème réel pour vos utilisateurs
Lorsque je rencontre des entrepreneurs en herbe, ils sont généralement très enthousiasmés par leur idée et ont une vision globale de leur concept. D'un autre côté, ils ont généralement beaucoup plus de mal à définir quelle est la proposition de valeur pour leurs utilisateurs ou quel type de stratégie vont-ils mettre en œuvre pour gagner du terrain.

Lorsque quelqu'un a une idée de marché, il a tendance à décrire à quel point tout le monde l'utilise. Prenons l'exemple de partage le plus courant: un marché où des personnes du monde entier partagent des outils avec leurs voisins. Ce concept peut facilement être associé; la plupart des gens veulent vivre dans un monde où les choses sont partagées. La plupart des gens vous diront qu'ils aiment cette idée. Malheureusement, cela ne suffit pas pour les faire utiliser ce service. S'ils n'ont pas besoin d'outils ou n'ont pas d'outils inutilisés à partager, la construction de ce type de marché ne résout pas leurs problèmes personnels.

Jeremiah Owyang, expert de l'industrie, montre que la plupart des gens utilisent les marchés peer-to-peer pour les mêmes raisons qu'ils consomment des produits en général: obtenir un prix moins cher, une meilleure qualité ou commodité. Les gens peuvent affirmer que la durabilité et le sens de la communauté sont des valeurs importantes pour eux, mais ces valeurs ne guident pas nécessairement leurs actions. Si quelque chose dont ils ont besoin est cher ou si la qualité est mauvaise ou si elle n'est pas très accessible, alors c'est un vrai problème. Airbnb est un excellent exemple de marché qui a commencé par résoudre un tel problème: offrir un hébergement et un petit-déjeuner aux participants qui ne pouvaient pas réserver d'hôtel (tous étant vendus) lors de la conférence de conception organisée par l'IDSA à San Francisco en octobre 2007.

J'ai personnellement ressenti l'importance de résoudre le problème en utilisant le service de covoiturage BlaBlaCar. Il y a quelques mois, je devais voyager de Séville à Badajoz pour donner une conférence. Trouver un train ou un autocar adapté à mon emploi du temps était impossible et grâce à BlaBlaCar, j'ai trouvé un trajet. J'ai parlé à mes camarades de voiture et j'ai passé un bon moment lors de l'aller-retour. Ils m'ont dit qu'ils utilisaient la plate-forme parce que "les autocars et les trains sont plus chers, et leurs itinéraires et horaires ne sont pas assez flexibles". Un rapport de BlaBlaCar confirme cette expérience avec les données: les membres utilisent le service de partage de voiture principalement parce que c'est moins cher que les autres services de mobilité.

Ne pas résoudre un problème réel est l'une des raisons les plus courantes de l'échec du marché. Assurez-vous que votre marché ne tombe pas dans ce piège.

Comment pouvez-vous être sûr d'avoir trouvé un problème qui mérite d'être résolu? Les marchés sont particulièrement délicats car vous devez résoudre un problème des deux côtés: le client et le fournisseur. En d'autres termes, résoudre un gros problème n'est peut-être pas suffisant, il est fort probable que vous deviez en résoudre deux.

Même si l'argent n'est pas toujours la meilleure mesure, il peut être judicieux de mesurer l'ampleur du problème en termes d'argent. Combien seriez-vous prêt à payer quelqu'un s'il résout le problème pour vous? C'est pourquoi les marchés de l'économie de partage qui traitent des articles de grande valeur se portent généralement mieux. Avoir accès à une voiture lorsque vous en avez besoin est beaucoup plus précieux que de pouvoir emprunter une perceuse électrique.

Comme le note Sam Altman, la meilleure validation se produit g n ralement apr s avoir lanc
quelque chose que les gens peuvent utiliser. C'est pourquoi c'est une bonne id e de lancer le plus t t
possible. Cependant, vous pouvez galement faire certaines choses avant de cr er votre premier
produit. Nous couvrirons ces id es dans un prochain chapitre sur la validation de votre id e.

D bloquer des actifs inactifs.

Une stratégie commune pour des marketplace réussis consiste à libérer la valeur
économique des actifs inutilisés. Vincent Rosso, ancien responsable de l'Espagne et
du Portugal chez BlaBlaCar, a été très clair avec sa déclaration: "Chaque jour, il ya
environ 100 à 120 millions de sièges de voiture vides en Espagne". La mission de
BlaBlaCar est de remplir ces sièges de passagers, en utilisant la voiture de manière
plus efficace. Selon le leader de l'économie du partage, Robin Chase, le but de toute
plate-forme type market place est de «libérer la valeur cachée dans une capacité
excédentaire en engageant les autres: leurs atouts, leur temps, leur expertise et leur
créativité».
Il est temps de mettre vos "lunettes collaboratives". Regardez le monde autour de
vous. Essayez de trouver une capacité excédentaire, des ressources sous-utilisées et
des actifs qui ne sont pas utilisés de manière efficace. Pensez à votre travail et à vos
loisirs. Travaillez-vous au théâtre? Que diriez-vous d'une marketplace pour la
location de costumes. Êtes-vous un enseignant? Une marketplace pour vendre votre
matériel pédagogique. Entraînez-vous le hockey junior? Une marketplace pour la
vente de patins et autres équipements usagés. Aimez-vous le jardinage? Une
marketplace pour partager des plantes et des graines. Les opportunités sont
partout.

Jeremiah Owyang explique comment les marketplaces ont un impact sur tous les
secteurs de notre société grâce au réseau nid d'abeilles de l'économie collaborative.
La première version ne comportait que six types de familles de marketplace, mais
six autres ont été ajoutées pour la dernière version. À l'avenir, nous pourrions voir
encore plus de secteurs.

Les startups les plus en vogue ont vu le jour dans les secteurs des transports, des
biens, de l'espace et de l'argent, mais il existe encore de nombreuses opportunités
de solutions dans d'autres domaines tels que les services publics, la santé, le bien-
être, les entreprises et les municipalités. Nous sommes encore au tout début de
l'industrie des marketplaces.

Rechercher des march s fragment s

 Les marketplaces sont parfaits pour regrouper les produits ou services en un seul endroit et les
rendre facilement accessibles et consultables par les clients. Les marketplaces se d veloppent
dans des domaines o de nombreux petits acteurs proposent leurs services au lieu de gros
fournisseurs centralis s.

Thumbtack a choisi le march des services professionnels locaux, des plombiers aux
professeurs de guitare. Fiverr et Upwork s'adressent aux ind pendants offrant des services
num riques. Etsy aide les particuliers vendre leurs produits artisanaux. Ces types de
fournisseurs de services existent depuis longtemps, mais ils manquaient d'un agr gateur
central avant l'arriv e des march s.

Vous pouvez trouver un autre bon exemple de cette approche dans cette vid o sur la façon dont l' quipe EatWith a entrepris de perturber l'industrie alimentaire.

Du point de vue du client, le march offre un guichet unique: trouvez tous les fournisseurs du m me service et comparez-les facilement. Du point de vue du fournisseur, le march leur apporte plus de clients. Les deux parties ont leurs probl mes r solus. Tout le monde gagne.

Am liorez une solution existante en ajoutant une couche de confiance.

Il n'ya rien de nouveau dans les rencontres r elles que ces march s facilitent. L'auto-stop, la vente de v tements de seconde main, l'emprunt d'outils et le partage d'appartements taient des pratiques courantes bien avant l' mergence de la nouvelle vague de startups. Ce qui est nouveau dans les solutions modernes, c'est la facilit avec laquelle il est possible d'interagir avec des trangers.
Il y a de nombreuses ann es, j'ai souvent utilis le march des petites annonces Loquo (la version barcelonaise de Craigslist) pour trouver une chambre dans un appartement partag Barcelone et je me souviens de choisir uniquement des annonces comportant des images. J' tais aussi tr s difficile quant la façon dont le message a t crit. Loquo n'avait pas de syst me de r putation, alors je devais compter sur l'intuition pour d cider si l'appartement valait la peine d' tre visit et si mes compagnons de chambre potentiels seraient gentils. Trouver une chambre gr ce Loquo tait un processus fastidieux: il fallait beaucoup de d vouement pour filtrer les listes et visiter les appartements potentiels afin de trouver celui qui convenait.

L'exp rience avec Airbnb est totalement diff rente. Je peux voir des critiques d'appartements, les propri taires ont des v rifications, et m me nos amis mutuels Facebook. Airbnb a apport la confiance un march o il n'y en avait pas auparavant et, de ce fait, rend l'exp rience beaucoup plus agr able pour tout le monde.

Dans ce fabuleux article, Sangeet Choudary, de Platform Thinking Labs, explique comment Craigslist fait face la menace des nouveaux acteurs qui perturbent ses verticales les unes apr s les autres:

"Ironiquement, Craigslist, le roi de la liquidit , n'a pas de m thode fiable pour d terminer la r putation d'un utilisateur. Bien que cela puisse tre acceptable pour certaines cat gories (par exemple, vendre des biens de faible valeur), il peut constituer un crit re de d cision important pour les cat gories haut risque) "

Craigslist est perturb par Airbnb dans les appartements, Etsy dans les produits sur mesure, Thumbtack dans les services locaux, BlaBlaCar dans le covoiturage, etc. Tous ces nouveaux acteurs utilisent des syst mes de r putation labor s pour renforcer la confiance et assurer le bon d roulement des op rations.

Si vous cherchez lancer un march , tudier les cat gories de Craigslist est un excellent moyen de comprendre les march s de niche et de trouver des id es. Plus il y a d'annonces dans une certaine cat gorie, plus la demande est grande. Pouvez-vous trouver une cat gorie o il ne semble pas y avoir suffisamment de confiance entre les fournisseurs? Cette cat gorie pourrait tre votre opportunit .

Comment concevez-vous un syst me de r putation et tablissez-vous la confiance? C'est une tr s grande question, et nous y reviendrons dans un chapitre ult rieur.

tre focus

Les places de marketplace de petites annonces comme Craigslists et Loquo sont des plates-formes horizontales: elles facilitent les   changes dans plusieurs cat gories diff rentes, comme les emplois, le covoiturage, les services, l'achat et la vente, la location d'appartements, etc. En revanche, Airbnb est un exemple typique de plate-forme verticale. Il se concentre sur un probl me: trouver un h bergement temporaire.

Les plates-formes verticales ont un avantage. Comme ils se concentrent sur une seule chose, ils sont souvent capables de le faire extr mement bien. Ils peuvent construire leur plate-forme uniquement autour du probl me que rencontrent leurs utilisateurs, et ainsi offrir une exp rience exceptionnelle.

En plus de ne pas r soudre le probl me ad quat, une autre raison commune pour laquelle Les marketplaces   chouent est d'avoir un objectif trop large. Une focalisation   troite est particuli rement importante dans les premiers jours de votre entreprise, lorsque vos ressources sont limit es. Il est beaucoup plus facile de cr er un produit pour un groupe cible sp cifique. Vous pouvez personnaliser votre message et vos fonctionnalit s avec seulement ce groupe en t te.

Si vous choisissez une verticale   troite, il sera   galement beaucoup plus facile d'atteindre une masse critique dans cette verticale. Si votre marketplace consiste   partager toutes sortes d'outils partout dans le monde, il se peut que quelqu'un qui cherche un marteau-piqueur en France soit d çu car il n'existe pas encore de marteau-piqueur en France. Si vous vous concentrez uniquement sur le partage de marteaux-piqueurs   Detroit, il est fort probable que vos clients trouvent ce qu'ils recherchent.

Lorsque je travaille avec des entrepreneurs en d but de carri re, il est toujours difficile d'avoir trop d'attention et de convaincre les fondateurs de limiter leur attention est toujours un d fi. Avoir un objectif l g rement plus large peut tre une bonne strat gie pour trouver votre cr neau   un stade pr coce, mais une fois qu'elle aura t trouv e, se concentrer sur un produit ou service vertical est la voie   suivre pour la majorit des marketplaces. Il est souvent utile de r fl chir   la mani re dont les plus grandes entreprises ont d marr . Amazon a commenc par ne vendre que des livres. Airbnb a commenc par proposer un h bergement aux designers participant   une conf rence sp cifique   San Francisco.

Avez-vous une id e g niale pour un marketplace, mais sentez-vous qu'il y a d j trop de concurrence sur ce marketplace? L'une des strat gies consiste   limiter votre attention, tant sur le plan g ographique que sur le plan des produits ou services propos s. Vous ne voudrez peut- tre pas concurrencer Airbnb sur la construction d'une plate-forme mondiale pour l'h bergement temporaire, mais se concentrer uniquement sur la location de chalets en Finlande ou de ch teaux en France pourrait vous apporter un avantage concurrentiel.

Vous pourrez toujours   largir votre attention plus tard, une fois que vous aurez obtenu la verticale initiale. ThredUP a commenc avec un objectif trop large, et apr s avoir chou gagner du terrain, ils se sont limit s   se concentrer uniquement sur les v tements des enfants. Une fois qu'ils ont r ussi dans ce segment, ils ont galement tendu leur offre aux adultes. Knok a commenc comme une plate-forme d' change de maison g n rale et a pivot pour se concentrer uniquement sur les familles. Plus tard, ils ont galement largi leur offre   l' change de maison,   la location d'appartements et aux guides locaux pour les familles.

Je m'attends   ce que,   mesure que les co ts li s   la cr ation d'entreprises de marketplace diminuent, nous verrons de plus en plus de marketplaces sp cialis s qui excellent dans la prestation de services   des segments d'utilisateurs et   des zones g ographiques tr s sp cifiques. Tous ne seront pas de la taille d'Airbnb, mais cela ne devrait pas toujours tre le but, assez souvent, il suffit de cr er une entreprise solide et durable et de se concentrer sur le service   vos principaux utilisateurs. Behomm, une communaut d' change de cr atifs et d'amateurs de design, est un bon exemple de ce type de marketplace de niche.

Voir ce que font les autres

pr s avoir trouv une bonne id e, la prochaine   tape est la recherche de march : quelqu'un fait-il d j la m me chose? J'ai rencontr de nombreux entrepreneurs qui d clarent   tre "le premier march   qui permet aux gens de partager des v tements de leur garde-robe" ou "le premier march   de partage d' quipement inactif entre entreprises" alors que des march s similaires existent d j .

Si votre id e est bonne, il est fort probable que quelqu'un d'autre travaille d j sur la m me chose. Les meilleures id es arrivent g n ralement   plusieurs personnes   la fois. Ne soyez pas d courag par cela. En fin de compte, l'ex cution est ce qui compte. Comme nous l'avons vu plus haut, une bonne façon de lutter contre la concurrence est de limiter votre attention, que ce soit g ographiquement ou par segment.

M me si la concurrence ne devrait pas vous d courager, il est toujours prioritaire d'examiner rapidement le march   pour voir comment les autres tentent de r soudre le m me probl me que vous avez identifi . Pour ce faire, il est recommand d'utiliser une m thodologie quelconque. Voici mon approche habituelle lorsque vous recherchez des informations sur des concurrents ou des projets similaires, en l'occurrence lorsque vous travaillez avec une   quipe d'un march   pour des professeurs de yoga que je conseillais:

1.   Premi rement, utilis Google pour trouver des informations initiales sur des initiatives similaires et des concurrents potentiels.

Cela nous a conduit   un concurrent ciblant les centres de yoga et les enseignants. Nous avons conclu que leur offre reposait sur des bases de donn es. Nous avons   galement d couvert deux autres projets int ressants et fructueux qui nous ont permis de mieux d finir notre strat gie. C'est une bonne id e de cr er une liste de toutes les requ tes de recherche que vous pouvez trouver et de parcourir les r sultats un par un.

2. en savoir plus sur l'histoire de ces entreprises.

utilis la fonction d'intervalle de date de Google pour trouver des articles d'actualit des ann es pass es avec des informations pertinentes sur leur strat gie et leurs pivots. En utilisant cette fonctionnalit , j'ai d couvert que l'une des soci t s avait chang de nom et avait un pivot d cisif dans son mod le   conomique.

3. En savoir plus sur leurs   quipes et leur situation financi re.

AngelList et CrunchBase sont des bases de donn es pratiques pour trouver ce type d'informations. Les informations que vous trouverez sur ces sites ne sont pas exactes   100%, mais elles vous donneront quand m me une id e de l' tat des soci t s. Par exemple, j'ai d couvert qu'une entreprise venait de lever une premi re s rie de fonds de d marrage.

4. Effectu des recherches dans les annuaires du march   en question.

Il existe un bon nombre de r pertoires: comparer et partager des r pertoires, des r pertoires de maillage, de nid d'abeilles 2.0 de Jeremiah Owyang et du r pertoire consumo colaborativo pour les projets espagnols et latino-am ricains.

Parlez de votre id e avec tout le monde.

Comme indiqu , si votre id e est bonne, vous pouvez vous attendre   ce que les autres
travaillent sur cette id e. Cela signifie que vous ne devriez pas avoir peur de parler de votre
id e avec les autres. Au contraire; vous devriez en parler avec tous ceux que vous connaissez.
Comme le souligne Sam Altman:

"Vous n'avez pas besoin d' tre trop secret avec votre id e. Il y a au moins mille fois plus de
personnes qui ont de bonnes id es que des personnes qui sont pr tes   faire le genre de travail
n cessaire pour transformer une excellente id e en une grande entreprise. Et si vous dites aux
gens ce que vous faites, ils pourraient vous aider. "

Partager votre id e avec d'autres est une excellente façon d'obtenir des commentaires
pertinents et peut- tre d'entendre parler de projets connexes. Partagez votre id e avec vos
amis et votre famille, les membres de votre espace de coworking, les personnes que vous
rencontrez lors d' v nements de r seautage, les personnes que vous rencontrez dans une bo te
de nuit, n'importe qui et n'importe o . Je me souviens d'avoir particip   une soir e   Paris o
quelqu'un   tait enthousiaste   l'id e de me pr senter le fondateur de WhereIsMyMat
simplement parce qu'il savait que je travaillais sur le marketplace des professeurs de yoga
dont j'ai d j parl . Si personne ne conna t votre entreprise, personne ne pourra vous aider.

Il peut galement tre utile de contacter les autres entreprises de votre domaine. Cela vous
permet d'en apprendre plus   leur sujet, de comprendre leurs forces et leurs faiblesses et de
mieux comprendre sur quoi vous devez vous concentrer.

En résumé :

Trouver une bonne idée est une étape cruciale dans la création d'une entreprise
type marketplace durable. Vous devez vous assurer que, grâce à cette idée, vous
résolvez un problème réel et douloureux pour les clients et les fournisseurs de
votre marketplace. Dans les premiers temps, il est particulièrement important de
se concentrer sur un créneau étroit pour cette mission.

De nombreuses idées de marketplace sont basées sur le déblocage d'actifs
inutilisés ou l'agrégation de petits fournisseurs sur des marketplaces fragmentés.
Dans de nombreux cas, vous pouvez améliorer les solutions existantes en créant
une couche de confiance avec votre marketplace.

Une fois que vous avez trouvé une idée, faites des recherches sur le terrain pour
savoir ce que font les autres. Si votre idée est bonne, d'autres y travailleront
probablement aussi. Ne vous découragez pas, par contre, parlez ouvertement de
votre idée à tous et essayez de trouver un angle et une stratégie uniques sur
lesquels vous concentrer.

Chapitre 4

Vous avez déjà une bonne idée? Super, allons de l'avant pour choisir le bon
business modèle d'entreprise pour votre marketplace.

Comment choisir le bon mod le d'entreprise pour votre marketplace?

Les entreprises des marketplaces sont des initiatives long terme. Pour cr er une marketplace durable et prosp re, vous devez trouver un mod le commercial de marketplace qui financera ses op rations.

Si vous ex cutez un projet but non lucratif ou un passe-temps, le financement du d veloppement et de la maintenance du site peut se faire par le biais de dons ou de votre propre poche. Cependant, dans la plupart des cas, le financement doit ventuellement provenir de la communaut que vous servez - les utilisateurs de votre site.

L'une des raisons les plus courantes pour lesquelles les startups chouent est qu'elles choisissent un mod le conomique qui ne s'adapte pas une durabilit long terme. Dans cet article, nous examinons les diff rentes options de mon tisation d une marketplace et donnons des conseils sur la mani re de choisir le mod le de gestion adapt votre id e.

1.La Commission

Le mod le commercial le plus populaire pour les marketplaces modernes consiste facturer une commission chaque transaction. Lorsqu'un client paie un fournisseur, la marketplace facilite le paiement et facture un pourcentage ou un montant forfaitaire.

Le plus grand avantage de ce mod le est que les fournisseurs ne sont pas factur s avant d'obtenir une certaine valeur d'une marketplace. C'est vraiment int ressant pour les fournisseurs. Dans le m me temps, du point de vue d'une marketplace, ce mod le est g n ralement le plus lucratif: vous obtenez une partie de la valeur qui transite par votre plate-forme. Les plates-formes de marketplace les plus connues, telles que Airbnb, Etsy, eBay, Fiverr, TaskRabbit et Uber-All, utilisent principalement les commissions comme mod le d'affaires.

Le plus grand d fi pour que le mod le de commission fonctionne est de fournir suffisamment de valeur au client et au fournisseur. Si vos utilisateurs n'obtiennent pas suffisamment de valeur de votre plateforme, ils trouveront un moyen de contourner votre syst me de paiement et vous ne serez pas pay . Comment fournissez-vous cette valeur? Nous allons plonger dans cette question dans notre prochain article.

Un autre d fi avec le mod le de commission est la tarification. Quelle taille devrait avoir la commission? Devrait-il tre le m me pour tous les utilisateurs? Dois-je facturer le client, le fournisseur ou les deux? Dois-je d'abord avoir une commission inf rieure pour amener les gens rejoindre ma plate-forme et la soulever plus tard? Nous consacrerons un autre article aux prix ult rieurement.

Ma recommandation est d'utiliser le mod le de commission comme source de revenus principale chaque fois que possible. Je m'attends ce que de plus en plus de marketplaces adoptent ce mod le l'avenir.

Il existe toutefois des sc narios dans lesquels il est impossible pour une marketplace de faciliter les transactions de paiement. Dans ces cas, le mod le de commission ne fonctionne pas. Les exemples comprennent:

Lorsque la taille de la transaction typique est norme. Avec la vente de voitures ou de biens immobiliers, par exemple, il est difficile pour une marketplace de justifier la commission.
 une marketplace propose de nombreux types d'offre. Il devient impossible de concevoir un processus de transaction offrant une valeur pour tous ces cas. Les annonces class es traditionnelles en sont un bon exemple.
Le processus de facturation est trop complexe pour que une marketplace le facilite. Ceci est courant dans les marketplaces interentreprises (B2B) et certains marketplaces d'entreprise consommateur (B2C).
L'argent n'est pas chang du tout sur une marketplace. Par exemple, si une marketplace concerne les rencontres, la recherche de personnes embaucher, le troc ou le partage de quelque chose

gratuitement, il n'y a pas de transaction mon taire, et donc pas de moyen de facturer une commission.
Dans ces cas, vous avez besoin d'un type de mod le d'entreprise diff rent.

2. Frais d'adh sion / d'abonnement

Une cotisation (parfois appel e frais d'abonnement) est un mod le dans lequel certains utilisateurs, ou tous les utilisateurs d'un marketplace, doivent payer des frais r currents pour acc der au marketplace. Avec ce mod le, la proposition de valeur typique pour les fournisseurs est que une marketplace les aide trouver de nouveaux clients. Pour les clients, cela les aide r duire leurs co ts ou trouver des exp riences uniques. Les frais d'adh sion sont un bon choix si la valeur que vous fournissez est lev e et qu'un utilisateur typique effectuera plusieurs transactions, mais faciliter un paiement est difficile ou impossible.

Des exemples typiques de marketplaces de consommation consommateur (C2C) avec des frais d'adh sion sont les sites d' change de domicile (Love Home Swap, Home Exchange) et les sites de rencontre (OkCupid, Match.com). Souvent, ces sites examinent tous les abonn s afin de garantir des correspondances de qualit et de cr er un sentiment d'exclusivit justifiant les frais.

Sur une marketplace B2C, le mod le d'adh sion est courant dans le recrutement. Par exemple, LinkedIn et StackOverflow Careers facturent des frais d'abonnement aux entreprises pour avoir acc s leur vivier de talents. Studiotime, un "Airbnb pour les studios d'enregistrement", est un exemple d'un autre cr neau o les frais d'adh sion constituent le principal mod le
 conomique. Avec les soci t s B2C, la plate-forme est g n ralement gratuite pour les clients, mais n cessite un abonnement payant pour les fournisseurs.

Une cotisation d'adh sion peut galement constituer un bon mod le commercial initial pour les marketplaces B2C qui souhaitent ventuellement facturer une commission mais ne disposent pas encore des outils n cessaires pour faciliter les transactions dans leur cr neau particulier. Venuu, un "Airbnb pour les espaces v nementiels", a d marr avec le mod le d'adh sion afin de g n rer des revenus d s le lancement de leur site. Plus tard, apr s avoir valid leur plan d'affaires et eu les ressources n cessaires pour cr er un syst me de facturation, ils ont adopt le mod le de commission, un mod le beaucoup plus lucratif pour eux.

Le probl me avec le mod le de cotisation des membres est qu'il fait que le «probl me de la poule et de l'œuf» - trouver le moyen de trouver des fournisseurs sans clients et comment trouver des clients sans fournisseurs - est encore pire. Vous devez avoir suffisamment d'utilisateurs sur votre plate-forme pour que cela soit pr cieux la fois pour les fournisseurs et les clients, et un paiement obligatoire d courage les utilisateurs de s'inscrire. Une façon de contourner ce probl me consiste offrir des r ductions importantes aux utilisateurs pr coces, voire les supprimer compl tement pour constituer la base d'utilisateurs initiale.

3. Frais d'inscription
Certaines marketplaces facturent des frais aux fournisseurs lorsqu'ils publient de nouvelles annonces. Ce mod le est g n ralement utilis lorsque les fournisseurs obtiennent de la valeur en fonction du nombre d'annonces qu'ils ont sur le site et que la valeur potentielle par inscription est importante.

Ce mod le est assez courant avec les annonces class es. La proposition de valeur du site Web est tr s simple: elle regroupe un volume massif de listes en une seule destination en ligne et garantit une grande visibilit ces listes. Les plates-formes d'annonces class es n'essayent m me pas de faciliter la transaction.

L'exemple le plus connu de cette cat gorie est peut- tre Craigslist. C'est une collection de sites locaux o les gens peuvent publier des annonces sur tout ce qu'ils veulent. Qu'il s'agisse de vendre des biens, des services, des emplois, de trouver un appartement, de sortir en couple ou autre chose. G n ralement, la publication d'une nouvelle annonce sur Craigslist est gratuite - c'est ainsi qu'elle a r ussi atteindre la masse critique des utilisateurs - mais dans certaines cat gories (savoir les offres d'emploi et d'appartements dans certaines villes).

Il peut parfois tre utile d'utiliser plusieurs mod les commerciaux sur le m me site. Par exemple, Etsy est un exemple de marketplace B2C qui utilise le mod le de commission, mais facture galement des frais pour publier de nouvelles annonces. Le raisonnement d'Etsy ce sujet est probable que sa liquidit (la probabilit qu'un objet soit vendu) varie beaucoup. Bien qu'il y ait des articles tr s populaires sur Etsy, la plupart des articles ne sont probablement jamais vendus, car le volume total des annonces d'Etsy est norme. En utilisant la fois le mod le de commission et le mod le de frais d'inscription, Etsy tire des revenus d'articles populaires et peu populaires.

Les frais d'inscription sont meilleurs que les frais d'adh sion dans les cas o les fournisseurs ne souhaitent pas un abonnement continu et souhaitent uniquement vendre certains articles. Tel est le cas avec Mascus, un site de petites annonces B2B pour les machines co teuses.

Le d fi avec le mod le des frais d'inscription est qu'il ne garantit pas la valeur pour les fournisseurs, et que les frais ne peuvent donc pas tre trop lev s. Il en r sulte que la marketplace ne peut capter qu'une partie relativement faible de la valeur passant par le site. Un mod le d'entreprise durable qui ne d pend que des frais de cotation n cessite donc un tr s grand volume d'inscriptions. En outre, le fait de payer des frais d'inscription ne garantit pas que l'article est vendu, mais la marketplace aura plus de difficult s prouver qu'il fournit une valeur r elle ses fournisseurs.

4 le model mixte

le model mixte se situe quelque part entre les frais d'inscription et les mod les de commission. Dans un mod le de frais type, les clients publient des demandes sur le site et les fournisseurs paient pour faire une offre sur ces clients. Le mod le offre une meilleure proposition de valeur que le mod le des frais d'inscription: vous ne payez que lorsque vous tes mis en contact avec un client potentiel.

Le mod le de commission principale ne fonctionne que si la valeur du lead est lev e. Pour cette raison, ce mod le n'est pas courant sur les marketplaces C2C. Un cas d'utilisation typique est celui des services B2C ou B2B, o chaque nouveau client peut mener une relation client de longue dur e avec plusieurs offres. Thumbtack, une marketplace B2C pour tous les services professionnels locaux, des plombiers aux professeurs de guitare, est un exemple r cent de ce mod le. La start-up croissance rapide a r cemment t valu e plus d'un milliard de dollars.

Cependant, alors que Thumbtack se d brouille bien avec le mod le des honoraires de plomb jusqu' pr sent, leur probl me est que les fournisseurs n'utilisent plus Thumbtack avec les clients existants, mais qu'ils tablissent la relation en dehors de la plate-forme une fois qu'ils sont en t te. C'est pourquoi Thumbtack construit actuellement des outils de facturation, de paiement et de planification pour les professionnels. Ils s'orientent probablement vers le mod le de commission pour extraire plus de valeur des transactions qu'ils facilitent.

5. Le Freemium

Comment pouvez-vous mon tiser une marketplace o les gens partagent des articles faible valeur gratuitement? La start-up n erlandaise Peerby a construit une plate-forme C2C o les gens peuvent emprunter des choses sans frais. L'exp rience de base est gratuite pour tous les utilisateurs de la plateforme. Peerby a d cid de mon tiser en proposant des services premium. Ils ont deux offres principales: l'assurance (le fournisseur peut demander au client, tout en obtenant l'article gratuitement, de payer des frais d'assurance garantissant que l'article sera remplac s'il est endommag ou vol) et la livraison (le client peut payer un petit frais pour obtenir l'article livr leur porte au lieu d'avoir aller le chercher aupr s du fournisseur).

La logique derri re le mod le freemium est que l'offre principale est gratuite, mais une fois que vos utilisateurs sont connect s, vous proposez des fonctionnalit s valeur ajout e. Le d fi avec ce mod le est que ces services payants doivent fournir suffisamment de valeur pour s duire une bonne partie de vos utilisateurs. Si seulement 1% de vos utilisateurs sont int ress s par votre offre premium et que tout le monde utilise votre site gratuitement, ce n'est probablement pas suffisant pour un mod le d'entreprise durable. Trouver un service premium int ressant pour un public suffisamment large peut tre tr s compliqu . Pour cette raison, de nombreuses plates-formes utilisent les services premium comme flux de revenus suppl mentaires. Par exemple, Mascus offre ses clients des services de pages Web de qualit sup rieure pour compl ter son mod le conomique bas sur les frais d'inscription. Etsy compl te son mod le bas sur les transactions et les frais d'inscription en offrant des services haut de gamme, tels que l'enregistrement direct, l'inscription des tiquettes de promotion et d'exp dition ses vendeurs, et une forte croissance de ce flux de revenus.

Dans certains cas, une place de march peut proposer des services premium en compl ment, mais elle finit par modifier son mod le commercial pour se concentrer sur les services payants. Vayable a d but comme une marketplace de peer-to-peer o les individus offrent des exp riences uniques aux autres, mais apr s avoir chou   obtenir une traction suffisante, ils ont d cid de cr er un service de conciergerie pour des vacances personnalis es. L'inconv nient de cette approche est que les services premium sont souvent une option moins volutive par rapport au mod le de commission pur. Cela est souvent d   la quantit de personnel n cessaire pour fournir les services premium. Vayable n'a fait que ce changement parce qu'ils n'ont pas r ussi faire fonctionner le mod le de la commission.

6 ajouter de la pub sur sa marketplace

Les annonces en vedette sont un moyen pour les fournisseurs d'acheter plus de visibilit pour leurs offres. Si ce mod le est utilis , l'inscription sur le site est g n ralement gratuite, mais les fournisseurs peuvent payer pour que leur liste apparaisse sur la page d'accueil du site ou au sommet d'une certaine cat gorie. Un exemple de ce mod le est Gumtree, le site de petites annonces le plus populaire du Royaume-Uni. Etsy fournit des annonces en vedette parmi ses services premium.

Ce mod le est relativement proche des mod les purement publicitaires - ceux sur lesquels vous diffusez des annonces (telles que Google AdSense) vos utilisateurs. Les annonces et les annonces en vedette sont les deux sources de revenus populaires pour les sites d'annonces class es. Ils sont souvent vus sur les march s immobiliers (comme Zillow) ou les march s de partage gratuit (comme Freecycle).

Le d fi avec ces mod les est que, encore une fois, ils n cessitent un nombre important d'utilisateurs pour g n rer des revenus significatifs. Lorsque vous vendez des globes oculaires, les revenus que vous g n rez par utilisateur sont probablement beaucoup moins lev s que si vous pouviez extraire de la valeur de votre processus de transaction. De plus, lorsque vous placez des annonces sur votre site, vous tes au service de deux publics aux int r ts contradictoires: du point de vue de l'exp rience utilisateur, les annonces constituent presque toujours un obstacle et vos utilisateurs sont g n ralement plus satisfaits des annonces. Si vous souhaitez offrir la meilleure exp rience possible vos utilisateurs, ce mod le d'entreprise n'est pas votre meilleure option.

Les mod les bas s sur la publicit fonctionnent mieux lorsque vous avez un cr neau sp cifique, et il existe des fournisseurs commerciaux qui souhaitent adapter leur offre ce public sp cifique. Par exemple, H tori, une place de march finlandaise pour les robes de mari e usag es, permet aux particuliers d'utiliser gratuitement le site. Ils mon tisent en permettant aux planificateurs de mariage, aux photographes et aux autres fournisseurs de services li s au mariage d'acheter des publicit s sur le site. Le contenu de ces annonces est tr s pertinent pour les utilisateurs du site Web, ce qui les rend plus pertinents et moins ennuyeux.

Les marketplaces modernes utilisent de nombreux mod les commerciaux diff rents. En
g n ral, la meilleure option pour la plupart des march s est de "poss der la transaction" et de
facturer une commission sur tous les achats effectu s via le site. Cette approche est tr s
 volutive et souvent tr s lucrative.

Cependant, dans certains cas, le mod le de commission n'a pas de sens, donc des mod les
alternatifs sont n cessaires. Essayer plusieurs mod les d'entreprise pour trouver la meilleure
option pour votre concept pourrait tre une bonne id e. Au d but, vous ne devez utiliser qu'un
seul flux de revenus la fois pour viter de d tourner votre attention. terme, lorsque votre
site se d veloppe, il peut tre judicieux de combiner plusieurs sources de revenus pour cr er un
mod le commercial de march prenant en compte tout ce qui se passe sur votre site.

Comment d courager les gens de contourner votre syst me de paiement

La source de revenus la plus lucrative pourune marketplace moderne est de "poss der" l'int gralit
du processus d'achat et de paiement et de facturer une commission chaque transaction.

C' tait le point principal de notre article pr c dent. Le mod le fonctionne bien car vous extrayez une
partie de toute la valeur qui traverse votre site. Cependant, le revers de la m daille est que, dans la
mesure o vous extrayez beaucoup de valeur, vous devez apporter beaucoup de valeur vos
utilisateurs. Si vous ne le faites pas, les utilisateurs trouveront des moyens de contourner votre
syst me de paiement pour viter vos frais. Cela s'appelle une fuite de plate-forme et c'est un d fi
auquel sont confront s de nombreux fondateurs de marketplace.

 vitez les fuites de plate-forme en fournissant de la valeur la transaction

Comment pouvez-vous viter les fuites de plate-forme? Comme nous traitons des marketplaces
bilat raux, chaque transaction comporte deux parties: le fournisseur (la partie qui fournit le produit
ou le service) et le client (la partie qui reçoit le produit ou le service). Vous devez r fl chir la
mani re de fournir de la valeur pour les deux. La meilleure strat gie d pend beaucoup de votre
concept particulier. S'agit-il d' l ments de grande valeur ou de faible valeur? S'agit-il de vendre des
produits, de les louer ou de fournir des services? Est-ce que la marketplaces consommateur
consommateur, (C2C), entreprise consommateur (B2C) ou entreprise entreprise (B2B)?

Dans cet article, nous allons passer en revue les moyens les plus courants d'apporter de la valeur
aux deux parties la transaction.

La valeur pour les particuliers offrant des produits: S curit

Si vos fournisseurs sont des individus, le meilleur moyen de fournir de la valeur est de vous
concentrer sur la confiance et la s curit . Les gens h sitent faire confiance des trangers. Si je
loue une voiture ou une perceuse lectrique un tranger, comment puis-je tre s r de ne pas le
voler, de le d truire ou de le briser? Cette m fiance cr e beaucoup de frictions sur les marketplace
C2C. La marketplaces lui-m me peut r duire les frictions en agissant comme un interm diaire de
confiance.

Si vous avez une marketplace de location, vous pouvez offrir une assurance. Si un article est vol ou
cass , vous le couvrez, mais uniquement si le paiement a t effectu via le syst me de paiement de
votre marketplace. RelayRides se targue d'offrir une assurance pouvant atteindre 1 million de dollars,
couvrant non seulement les dommages caus s la voiture, mais galement les ventuelles
r clamations de tiers en cas de dommages ou de blessures. KitSplit se concentre sur les articles de
faible valeur (cam ras et autres quipements cr atifs). Dans leur cas, une couverture inf rieure 10
000 dollars est suffisante. Contrairement la plupart de ses concurrents, BlaBlaCar facture une
commission et la justifie par une assurance de covoiturage.

Avoir simplement un contrat formel entre les parties peut tre suffisant pour offrir un sentiment de
s curit . Le client doit g n ralement accepter les conditions d'une marketplaces de location lors
d'une r servation. Dans ces conditions, la marketplaces peut d finir ce qui se passe en cas de fraude
ou de biens endommag s. Si le client viole ces termes, ils peuvent tre confront s des
cons quences juridiques dans lesquelles la transaction peut facilement tre prouv e.

Avoir simplement un contrat formel entre les parties peut être suffisant pour offrir un sentiment de sécurité.

Si, au départ, vous ne pouvez pas vous permettre d'offrir une assurance ou si vous ne trouvez pas une compagnie d'assurance désireuse de vous proposer un forfait approprié, vous pouvez également utiliser un dépôt de location. Essentiellement, le client paie un dépôt initial qui lui est retourné si l'article n'est pas endommagé. C'est ce que j'ai fait quand j'ai loué une voiture à la plateforme d'autopartage française Deways. J'ai réussi à tester l'assurance en grattant accidentellement la voiture de location. Deways a pris une partie de mon dépôt pour payer la réparation de la voiture et le reste m'a été rendu. Le processus s'est déroulé sans heurts, mais le dépôt initial était très lourd. Cela peut poser problème avec les dépôts: les gens hésitent à transférer de grosses sommes d'argent, tandis que les dépôts moins importants peuvent ne pas couvrir les incidents graves.

Si vous vendez des produits au lieu de les louer, vous n'avez pas à vous soucier des articles endommagés. vous ne vous souciez probablement pas de ce qui arrive à l'article après avoir reçu votre argent. Cependant, d'autres problèmes peuvent poser problème aux vendeurs, en particulier s'ils expédient des articles. Par exemple, l'acheteur peut prétendre qu'il n'a pas reçu d'article, ou qu'il n'a pas été cassé, et demande un remboursement. Ou ils peuvent simplement déposer un différend avec leur compagnie de carte de crédit et récupérer leur argent de cette façon. Cela peut être un gros problème pour le vendeur. La marketplace peut décider d'atténuer ce risque en gérant toutes les situations de litige pour protéger les vendeurs. Si vous ne souhaitez pas prendre le risque financier lié à cela, vous pouvez le laisser à votre prestataire de paiement. PayPal, par exemple, propose un programme complet de protection des vendeurs.

Les systèmes de réputation constituent un autre moyen d'assurer la sécurité. eBay a été le pionnier de la pratique de l'acheteur et du vendeur en se laissant mutuellement des commentaires après une transaction réussie. Les deux parties sont alors incitées à bien se comporter, car une mauvaise cote pourrait ruiner leurs transactions futures. Aujourd'hui, presque tous les marketplaces réussis utilisent un système similaire.

Les systèmes de réputation ont un avantage supplémentaire pour les fournisseurs: ils les aident à vendre davantage. De nombreuses études ont montré que les vendeurs eBay ayant une bonne réputation sont en mesure de facturer des prix plus élevés que les vendeurs de produits similaires avec des notes inférieures ou nuls. Les hôtes Airbnb commencent généralement par un prix inférieur et l'accroissent tout en renforçant leur réputation. Étant donné qu'une révision ne peut généralement être effectuée que si la transaction a eu lieu via le système de paiement de la marketplaces, elle constitue un excellent moyen de fournir une valeur ajoutée à la transaction.

Dans les marketplace de services, le paiement en ligne peut en soi assurer la sécurité des fournisseurs. Uber en est un excellent exemple. Un chauffeur de taxi est probablement la cible d'un vol parce qu'il est connu qu'il transporte beaucoup d'argent. Avec Uber, la transaction monétaire se fait en ligne, éliminant le besoin de transporter de l'argent.

La valeur pour les fournisseurs de services professionnels

Si vos fournisseurs de services de votre marketplace sont des professionnels qui gagnent leur vie entière (ou du moins une partie substantielle) en fournissant ledit service, vous devrez peut-être fournir des services supplémentaires. Les transactions sur ces marketplaces - pour les nettoyeurs, les chiens assis, l'enseignement de la guitare - sont généralement de nature récurrente: après qu'un client a trouvé un fournisseur qu'il aime, il est probable qu'il utilisera à nouveau les services du fournisseur.

Ce qui arrive souvent, c'est que la première transaction passe par les marketplaces, mais que les transactions suivantes sont gérées par d'autres canaux. Les raisons en sont évidentes: le client et le fournisseur se font confiance après la première transaction réussie. Ils ne tirent aucune valeur supplémentaire de la sécurité fournie par la marketplaces. Ils ont probablement échangé leurs contacts et n'ont plus besoin de communiquer via la plate-forme. Étant donné que le fournisseur peut offrir au client un prix moins élevé, sans la commission d'une marketplace, cette option devient très tentante.

Les marketplaces peuvent connaître un certain succès en se concentrant uniquement sur la première transaction entre clients et fournisseurs. Cependant, il existe des stratégies pour capturer les suivantes.

Aidez les fournisseurs à gérer leur entreprise en automatisant les tâches banales.

L'une de ces stratégies consiste à devenir un outil logiciel-service pour vos fournisseurs. Votre marketplace ne consiste plus seulement à acquérir de nouveaux clients. Vous aidez également les fournisseurs à gérer leur entreprise en automatisant des tâches banales.

La place de marketplace Freelancer UpWork (anciennement oDesk et Elance) est un excellent exemple de cette approche. Du point de vue d'un pigiste, obtenir un nouveau concert nécessite de nombreuses tâches fastidieuses. Ils doivent travailler sur une proposition avec le client, obtenir leur approbation, convenir de la rémunération, facturer le client, fournir les résultats, payer leurs impôts et gérer la comptabilité. UpWork a créé un flux de travail fluide pour les indépendants, automatisant toutes ces étapes. Le freelancer économise beaucoup de temps grâce à ce processus, suffisamment pour que cela en vaille la peine.

Il y a plusieurs façons différentes de fournir de la valeur. Si vos fournisseurs doivent fournir leurs services pendant une heure précise (pensez au coiffeur, au nettoyeur, à la baby-sitter ou au fournisseur de location), vous souhaiterez probablement les aider à gérer leur disponibilité avec une fonction de planification. Si les professionnels expédient des marchandises (comme dans Etsy), vous

pouvez les aider à gérer leur inventaire et à gérer la livraison. En fournissant des
outils suffisamment performants, vous pouvez jouer un rôle essentiel dans le
processus de gestion de votre fournisseur et votre commission représente un petit
prix à payer pour ce niveau de service.

La valeur pour les clients: réduire le frottement
Du point de vue du client, la fonction la plus importante d'une marketplace est de
rendre la transaction aussi simple et facile que possible. Il existe de nombreuses
manières de le faire: en supprimant certaines étapes du processus de transaction,
en éliminant le besoin d'acheminer des fonds et en augmentant la confiance, par
exemple.

Payer quelque chose est toujours un obstacle. Des études ont montré que si
l'achat est plus facile, les gens achèteront plus. Les gens peuvent abandonner une
transaction simplement parce que payer est trop fastidieux.

Airbnb a initialement construit son système de paiement après que le fondateur,
Brian Chesky, eut une expérience difficile en utilisant le site: il séjournait chez un
hôte qu'il ne connaissait pas et a oublié d'apporter suffisamment d'argent avec lui.
Au moment de payer, il a dû demander à l'hôte s'il pouvait aller chercher de l'argent
dans un guichet automatique. La confiance entre lui et l'hôte était brisée. Après
qu'Airbnb ait commencé à proposer des paiements en ligne, le problème a disparu.
L'invité et l'hôte n'avaient plus besoin d'avoir la conversation d'argent. Les clients
Uber obtiennent un avantage similaire: il n'est pas nécessaire de demander au
chauffeur de taxi de faire un arrêt au guichet automatique.

Si le paiement est effectué à l'avance, le client assume le risque que le fournisseur
ne soit pas présent ou qu'il n'obtienne pas le produit commandé. Encore une fois,
le marketplace peut aider en devenant un intermédiaire. Un service de «dépôt
fiduciaire» est un moyen d'y parvenir: la marketplace enregistre le paiement et en
informe le fournisseur, mais ne transfère pas l'argent au fournisseur avant qu'il ait
terminé le service en question.

Le problème avec l'entiercement est qu'il est assez fortement réglementé et que la
réglementation varie selon les pays. Avant d'utiliser le dépôt fiduciaire, il est
judicieux de rechercher la législation spécifique à votre pays et à votre secteur
d'activité.

Si vous ne voulez pas offrir d'entiercement, vous avez deux alternatives. Vous
pouvez pré-autoriser la carte de crédit du client sans la charger, et conserver la
préautorisation jusqu'à ce que l'argent soit déplacé. C'est suffisant dans la plupart
des cas. Cependant, plus la période de conservation est longue, plus le transfert
d'argent échoue lorsque vous l'initialisez. Cela laisserait le fournisseur en difficulté.
WePay décrit cette approche plus en détail.

L'autre solution consiste à offrir une protection à l'acheteur dans les cas où le
service fourni ne répondait pas à ses besoins ou à ses attentes. PayPal propose
également aux acheteurs un programme complet de protection des acheteurs.

Construire une bonne réputation est également important du point de vue du client.
Les hôtes Airbnb utilisent les avis comme mécanisme de vérification et n'acceptent
que les réservations de personnes avec des critiques positives. Si le client souhaite

renforcer sa réputation d'invité de confiance, il doit utiliser le système de réservation d'Airbnb.

Strat gies de communication

Si vous ne parvenez pas   fournir une valeur suffisante dans le processus de transaction, il existe quelques strat gies susceptibles de dissuader les utilisateurs de contourner votre syst me de paiement. Cependant, aucun d'entre eux n'est   l' preuve des balles et certains d'entre eux peuvent faire plus de mal que de bien. Ils doivent donc tre utilis s avec pr caution. Ils sont mieux adapt s aux strat gies d crites ci-dessus.

Une approche consiste   communiquer avec vos utilisateurs: rappelez-leur que ce sont les commissions qui permettent au site de continuer   fonctionner, et si les gens le contournent, votre site dispara tra. Alternativement, au lieu de faire appel   la bonne nature de vos utilisateurs, vous pouvez adopter une approche plus draconienne et rappeler aux utilisateurs que ceux qui contournent le syst me seront bannis. Cependant, cela pourrait ne pas tre le meilleur moyen de cr er un sentiment de communaut .

Vous pourriez   galement envisager de rendre plus difficile l' change d'informations de contact avant qu'une transaction ait lieu. Cette approche est actuellement utilis e sur quelques grandes plates-formes. Airbnb supprime les coordonn es (comme les adresses e-mail et les num ros de t l phone) des messages priv s entre utilisateurs. Il est cependant toujours possible de contourner cette limitation en crivant un num ro de t l phone avec des lettres, par exemple. Airbnb dit qu'ils le font pour prot ger leurs utilisateurs, mais il est clair que le motif sous-jacent est d'emp cher les utilisateurs de contourner leur syst me de paiement. BlaBlaCar n'autorise pas les messages priv s avant les transactions; au lieu de cela, toutes les questions doivent tre pos es publiquement.

Vous pouvez bien entendu choisir de ne pas fournir de syst me de messagerie du tout. Mais dans la plupart des cas, cela ne fonctionnera tout simplement pas, car le client doit avoir une conversation avec le fournisseur avant de prendre une d cision d'achat. Mettre en place des barri res de communication excessives cr era des frictions sur votre site, emb tera vos utilisateurs et les conduira probablement   abandonner votre site.

Envisagez d'offrir aux fournisseurs une part dans votre entreprise.

Vos fournisseurs sont vos partenaires. Vos objectifs et leurs objectifs doivent tre align s: s'ils gagnent, vous gagnez. Si vous essayez d'extraire trop de valeur sans leur fournir suffisamment, cette relation r ciproque est bris e et votre entreprise finira par chouer. Pour r ussir, une marketplace doit pouvoir compter sur un groupe de fournisseurs fid les qui estiment que le meilleur int r t de votre marketplace est galement dans leur int r t.

Un moyen (peut- tre assez radical) d'y parvenir consiste   offrir aux fournisseurs un int r t dans votre entreprise. La structure d'entreprise la plus naturelle pour cela est une coop rative appartenant   un fournisseur. Ce que vous pourriez perdre en raison du ralentissement de la prise de d cision - la d mocratie prend du temps, car les fournisseurs qui s'alignent vraiment sur vos objectifs peuvent promouvoir votre marketplace aupr s de tous ceux qu'ils connaissent et qui sont plus enclins   fournir de bons r sultats. service   vos clients et qui ne contournera certainement pas votre syst me de paiement. Si vous tes int ress par cette option, il y a tout un mouvement, le coop rativisme de plate-forme, qui se construit actuellement autour de cette approche particuli re.

Si vous ne souhaitez pas vous lancer dans la voie de la coop ration, il existe d'autres moyens de cr er votre entreprise. Vous pouvez avoir une soci t   responsabilit limit e et mettre de petites quantit s d'actions aux fournisseurs. Vous pourriez m me exp rimenter de nouvelles technologies. Le populaire site communautaire de contenu Reddit a r cemment annonc son intention de partager 10% de son r cent cycle de financement (5 millions de dollars au total) avec ses utilisateurs. Leur plan est d'utiliser leur propre crypto-monnaie aliment e par le protocole blockchain. Bien qu'il s'agisse actuellement d'une voie plut t compliqu e, de nouvelles innovations se produisent constamment dans la technologie, et nous verrons probablement qu'elle deviendra une option plus viable.

Fournir une valeur ajout e .

Si vous souhaitez poss der le processus d'achat, vous devez fournir une valeur suffisante dans la transaction,   la fois pour le client et pour le fournisseur. Si vos fournisseurs sont des particuliers qui louent ou vendent des produits, vous devez vous concentrer sur la confiance et la s curit . Si vos fournisseurs sont des professionnels, envisagez de cr er des outils qui les aident   g rer leur entreprise. Faites en sorte que vos clients r alisent l'achat le plus facilement possible.

Vos fournisseurs doivent tre vos partenaires. Vous pouvez envisager de jouer au hardball et d'imposer des limitations li es   la communication pour que les utilisateurs se comportent bien, mais cette approche peut facilement se retourner car elle viole votre relation bas e sur la confiance mutuelle. Une meilleure approche pourrait consister   aligner vos int r ts sur ceux de vos fournisseurs en leur offrant une participation dans votre entreprise.

Comment d finir les pricing sur votre marketplace ?

En tant que propri taire de votre marketplace, la tarification est l'une des d cisions les plus importantes   prendre.

Cela est particuli rement vrai lorsque vous utilisez le mod le de commission. Quelle devrait tre la taille de votre commission (parfois appel e "frais de transaction", "taux de prise" ou "rake") - la partie de chaque vente qui constitue vos revenus?

Au d but, vous pourriez penser que la bonne r ponse est "aussi lev e que possible". Cependant, comme l'indique le sp cialiste du march Bill Gurley de Benchmark Ventures dans son article de blog classique intitul A Rake Too Far: Strat gie optimale de tarification des plates-formes, l'exact oppos pourrait tre vrai.

Tout comme pour les mod les commerciaux, il n'existe pas de strat gie de prix unique qui fonctionne pour tous les marketplaces. Dans cet article, nous allons passer en revue les aspects les plus importants qui affectent les prix d'une marketplace et vous aider   choisir la strat gie de tarification appropri e en fonction de votre concept de marketplace sp cifique.

Que font les autres

Pour avoir une base de r f rence sur les prix du marketplace, examinons ce que font les marketplaces modernes. Sur de nombreuses marketplaces de services populaires comme Uber,

Fiverr, Lyft et Postmates, la commission semble se situer autour de 20%. Certaines personnes ont
m me affirm   que 20% est la commission optimale pour la plupart des nouveaux marketplaces.

Pendant ce temps, dans les marketplaces de produits, l'histoire est assez diff rente. Etsy est au bas
de l' chelle, ne facturant que 3,5%. eBay et Amazon se situent autour de 10%. Les marketplaces de
la location semblent avoir plus de variance, Airbnb facturant 11% en moyenne et Turo (auparavant
RelayRides) jusqu' 25%.

Bill Gurley a un tableau pratique pour comparer les diff rents taux de prise de plusieurs marketplaces
   succ s. Le point le plus important   retenir est que les variations sont   normes: de 1,9% pour
OpenTable   70% pour ShutterStock.

J' tais curieux de savoir quelles strat gies de tarification les gens qui ont cr   leur marketplace
. En examinant les donn es publi es par plusieurs prestataires , j'ai trouv   pr s de 5000
marketplaces qui facturent une commission. La commission moyenne sur ces sites est de 9,2%.

Est-ce une strat gie r ussie? Pour le d couvrir, j'ai consult   les 10 clients les plus performants Du
secteur (en termes de chiffre d'affaires mensuel). Leur commission moyenne   tait de 12,4%, la plus
  lev e   tant de 30% et la plus faible de 5%. La m diane   tait de 10%, ce qui   tait   galement la
commission la plus courante parmi eux. Il semble que vous ne pouvez pas vous tromper avec une
commission de 10%, et c'est probablement un bon point de d part.

Pourtant, comme le montre le tableau de Gurley, aller avec la moyenne est trop simplifi . Plusieurs
facteurs doivent   tre pris en compte en fonction de votre type d'activit   sp cifique.

Donc rien ne sert de mettre trop bas sont pourcentages ce qui est contre intuitifs mais
statistiquement v rifi .

Chapitre 5

Les facteurs influant sur les prix d'une marketplace .

Nous allons examiner sept facteurs qui influent sur la d cision finale en mati re de prix: co ts marginaux, concurrence, effets de r seau, diff renciation des fournisseurs, taille et volume des transactions, qualit / quantit et qui paie la facture.

1.   Le co t marginal

La chose la plus importante   consid rer lorsque l'on pense   la tarification est le co t marginal. Si vos fournisseurs ont d j , sans que votre marketplace soit impliqu dans l' quation, des marges de profit tr s faibles, vous ne pouvez pas vous attendre   en prendre une grande partie. Un bon exemple est OpenTable, un service de r servation de tables avec des restaurants comme fournisseurs. Sur chaque commande, la plus grande partie de l'argent sert   payer les salaires du personnel du restaurant, la location de la salle de restaurant, les ingr dients bruts du repas et d'autres frais. La restauration est tr s comp titive et les marges b n ficiaires sont tr s minces. Il n'y a pas beaucoup de place pour OpenTable. La m me chose vaut pour Etsy: le vendeur doit acheter le mat riel, fabriquer l'article et l'envoyer   l'acheteur. Il y a beaucoup de vendeurs, alors la concurrence est f roce et les marges b n ficiaires sont faibles.

Pendant ce temps, le march de la photo stock est tr s diff rent (tout comme les marketplaces de biens num riques en g n ral). Une fois que vous avez produit un produit num rique, vous pouvez le vendre un nombre illimit de fois sans frais suppl mentaires. 30% du prix de vente est un pur profit pour le photographe   chaque vente.

Si votre marketplace vend un grand nombre de types de produits tr s vari s dans leurs co ts marginaux, vous pouvez envisager diff rents taux de commission pour diff rentes cat gories de produits. EBay et Amazon sont des exemples typiques de marketplaces bien connus. Les honoraires d'Amazon varient de 6%   45% en fonction de la cat gorie du produit.

2. La comp tition.

Un autre facteur   consid rer sont les diff rents canaux par lesquels vos fournisseurs distribuent actuellement leurs produits ou services. tes-vous leur seul canal? Cela pourrait tre le cas si vous parvenez   trouver un cr neau assez troit que personne d'autre ne propose (encore). Avec un monopole sur un cr neau, vous pourrez probablement facturer plus pour l'exploitation d'une marketplace. C'est une autre bonne raison d'avoir une focalisation troite, surtout au d but.

Toutefois, un sc nario plus probable est que d'autres canaux existent et que vous devez cr er une offre comp titive. Lorsque OpenTable a d marr des restaurants, certains d'entre eux ont choisi des restaurants, dont certains ne co taient rien au restaurant! Le service de r servation par table avait donc besoin de tarifs extr mement comp titifs.

Etsy tait confront   une situation similaire au d marrage: nombre de ses vendeurs vendaient d j sur Amazon ou eBay. En fixant ses redevances   seulement 50% de ce que facturaient ses concurrents, Etsy s'est positionn e comme une option attrayante pour les vendeurs. M me si Etsy aime   pr tendre qu'elle est meilleure que les alternatives de nombreuses autres mani res, la strat gie de tarification l'a certainement aid e   se tailler une place sur le march aupr s de grands concurrents, en particulier au d but. Etsy a toujours insist sur le fait qu'elle ne peut r ussir que si ses vendeurs r ussissent avec leurs entreprises et qu'un faible taux de prise communique efficacement ce point de vue.

Bien que les frais d'Etsy soient actuellement assez bas, ils subissent beaucoup de pression. Etsy est une entreprise publique et ses actionnaires exigent des b n fices plus lev s, ce qui cr e une pression pour augmenter les taux de commission. Il pourrait encore y avoir une opportunit pour la concurrence sur Etsy. En vous concentrant sur un segment plus restreint, en

laborant une proposition de valeur int ressante pour vos fournisseurs et en facturant des frais
moins lev s, vous pourriez bien tre en mesure de perturber Etsy. Comme l'a dit Jeff Bezos, le
fondateur d'Amazon, "votre marge est mon opportunit ".

La mani re dont TaoBao a battu eBay en Chine est un bon exemple de la façon dont les prix
pratiqu s sur le march peuvent tre utilis s pour perturber un leader du march . Si vous tes
en concurrence avec un leader du march comme eBay et Etsy en essayant d'attirer leurs
fournisseurs sur votre plate-forme, vous devez soit fournir plus de valeur vos clients et
fournisseurs, soit facturer des frais moins lev s.

Les photographes n'ont pas de bonnes alternatives aux grands sites de photos s'ils veulent
vendre leurs photographies de grandes masses. C'est pourquoi les sites peuvent facturer des
commissions importantes. Vendre des photos dans un magasin de d tail physique ou dans leur
propre boutique en ligne est beaucoup moins efficace. Cependant, Shutterstock et d'autres
sites de photos (tels que Getty Images, qui facturent une commission encore plus lev e de
80%) font face une concurrence f roce mesure que le co t de la cr ation d'une activit
commerciale diminue et qu'une nouvelle concurrence se dessine. Stocksy, un nouveau site de
photos de stock appartenant aux photographes eux-m mes, a fait l'acquisition de photographes
de plus gros concurrents avec ses frais moins lev s. Il y a beaucoup d'opportunit s pour les
nouveaux arrivants dans les grosses marges des grands joueurs.

3.L' effet de r seau

L'effet r seau est un facteur troitement li au nombre de canaux de distribution. Une
marketplace b n ficie de l'effet r seau si le nombre de fournisseurs augmente la valeur de la
marketplace pour les clients. C'est une raison importante pour laquelle les sites de photos ont
pu maintenir leurs commissions lev es. Un site de stock photo devient infiniment plus utile
pour un client lorsque sa s lection augmente, d'autant plus que chaque offre sur le site est
unique. De plus, les photos de stock tant g n ralement n cessaires pour des sujets tr s
sp cifiques, les clients affluent vers les plates-formes pr sentant les s lections les plus larges.

En apparence, il peut sembler que tous les marketplaces b n ficient de l'effet de r seau. Dans
une certaine mesure, c'est vrai. Cependant, en particulier dans le domaine des services locaux
et non uniques, cet avantage peut tre plafonn . Un bon exemple est le covoiturage la
demande, o Lyft a r ussi se tailler une part de march aupr s d'Uber, un concurrent
beaucoup plus gros et mieux financ . Comme l'explique le PDG de Lyft, John Zimmer: «Une fois
que vous avez atteint trois minutes, il n'y a aucun avantage avoir plus de personnes sur le
r seau.» Dans le m me article, W. Brian Arthur, th oricien des effets de r seau, les services sur
une marketplace sont (presque) identiques, les effets de r seau peuvent ne pas tre si
avantageux. Si la marketplace peut toujours r pondre aux besoins d'un client avec un ensemble
donn de fournisseurs, il n'y a aucun avantage suppl mentaire augmenter le nombre de
fournisseurs.

En g n ral, plus l'effet r seau est b n fique, plus votre commission peut tre importante, tant
que votre r seau est suffisamment grand. Plus vous tes proche d'une concurrence parfaite,
moins vous tirez parti du r seau.

Pour faire simple quel que soit le march de niche il faut essayer de cr er un monopole .

4. La Diff renciation des fournisseurs

Dans le monde r el, la plupart des march s sont loin de la concurrence parfaite. Il existe
souvent diff rents types de prestataires: certains sont des professionnels effectuant de
multiples transactions quotidiennes, tandis que d'autres ne r alisent une vente qu'une ou deux
fois par an. Cela pose une question de tarification int ressante: devriez-vous avoir le m me prix
pour tous les fournisseurs?

Diff rentes marketplaces ont adopt diff rentes strat gies pour cela. eBay offre des avantages aux personnes qui vendent beaucoup: alors que les frais de base ne sont pas moins lev s, les vendeurs la mode b n ficient d'une livraison moins ch re, d'une protection des articles impay s et d'offres promotionnelles. Airbnb offre ses avantages de superh tes tels que des coupons de voyage et un support prioritaire. Le raisonnement derri re ces programmes est clairement d'encourager les gens vendre plus et de retenir les fournisseurs les plus performants sur la plate-forme.

Etsy a adopt une strat gie diff rente. Il propose des services premium payants tels que les paiements directs, les tiquettes d'exp dition et les annonces promotionnelles. Ces services sont sp cifiquement destin s aux vendeurs premium de la plateforme. Le sp cialiste du march Boris Wertz appelle cela le mod le freemium pour la tarification d'une marketplace. Wertz explique la logique: «En utilisant moins la mon tisation des petits vendeurs, la plate-forme garantit que ces petits vendeurs peuvent rester sur la plate-forme et apporter leur inventaire astucieux et unique que veulent les acheteurs Etsy. Etsy prend alors un taux plus lev des gros vendeurs qui peuvent le plus se le permettre en raison de leur taille. "

Bill Gurley mentionne que Booking.com a utilis la m me approche. Il a d'abord pris le march avec des prix bas, mais a ensuite commenc proposer des services de promotion payants qui ont augment les taux de prise. Gurley note: "Lorsque les prix augmentent en raison des ench res et de la concurrence, les fournisseurs accusent leur concurrence, pas la plate-forme ».

5. La valeur nominale la transaction et le volume .

La tarification est une question de psychologie. Le chiffre qui compte vraiment pour vos fournisseurs est le montant que vous extrayez de chaque transaction. S'ils le perçoivent comme lev , ils deviendront suspects.

La suspicion des fournisseurs ne correspond pas n cessairement directement au pourcentage de commission. Plus la taille totale d'une transaction est importante, plus le pourcentage attendu est petit. En g n ral, les gens perçoivent le march comme apportant une certaine valeur en facilitant une transaction, et bien souvent, les gens estiment que la facilitation de deux transactions d'une valeur de 50 dollars chacune est plus utile que de faciliter une transaction d'une valeur de 100 dollars. Apr s tout, le march a fait plus de travail pour eux l -bas. Fiverr facture une commission de 20%, mais comme la taille d'une transaction typique n'est que de 5 dollars, elle ne semble pas norme: il ne s'agit que de 1 dollar par transaction, apr s tout.

Si les tailles de transaction varient beaucoup sur votre marketplace, vous devez vous demander si le m me tarif pour toutes les transactions est logique ou non. Les tarifs Airbnb pour les clients varient de 6 12% en fonction de la taille de la transaction. Plus la somme totale est lev e, plus la commission est faible. Airbnb encourage ainsi les clients faire des achats plus importants.

En tant que fondateur d'une marketplace, vous devez cr er un mod le d'entreprise durable en valuant votre march de pr s: combien de transactions potentielles pouvez-vous esp rer obtenir sur un mois et quelle est la taille totale de votre transaction? Je sugg re de faire un petit exercice de tableur en jouant avec les diff rentes variables pour trouver le prix optimal pour votre marketplace.

6. qualit vs quantit
Comme vous l'avez appris dans le chapitre pr c dent, la solution pour conserver les transactions sur votre plate-forme consiste fournir autant de valeur que possible des deux c t s de votre march . Le montant de la valeur fournie correspond naturellement votre prix. Si vous fournissez plus de valeur, la qualit perçue de votre offre est plus lev e, ce qui justifie

des prix plus lev s. Plus vous tes m me de communiquer la qualit de votre offre vos clients, plus il est facile de facturer plus.

L'assurance des marketplaces de location est un bon exemple de la mani re d'apporter une valeur ajout e et donc d'am liorer la qualit . Si la marketplace assure le bien lou , le fournisseur et le client peuvent facilement accepter le co t li la transaction. Ils peuvent voir clairement ce qu'ils obtiennent pour les frais.

La v rification des fournisseurs est un autre moyen courant d'am liorer la qualit . Alors que certaines marketplaces permettent quiconque de devenir fournisseur, d'autres organisent soigneusement l'int gration, s lectionnent chaque fournisseur la main et effectuent ventuellement une v rification des ant c dents ou donnent aux clients les outils pour le faire. Cela est particuli rement important dans les marketplaces forte intensit de qualit , tels que la pension de chien, la garde d'enfants ou la prise en charge des personnes g es. Stocksy Stocksy utilise la strat gie de vetting efficacement pour perturber le march des photos.

Vous devez d cider si vous souhaitez vous concentrer sur la quantit - obtenir de nombreux fournisseurs pour augmenter votre s lection ou la qualit de votre s lection avec soin. Dans ce dernier cas, votre prix devrait probablement tre plus lev pour communiquer la valeur que vous fournissez, alors que dans le premier cas, vous devez garder vos marges faibles pour que le plus grand nombre de personnes possible soient pr sentes.

Parfois, ces deux strat gies peuvent tre appliqu es au m me march . Par exemple, EatWith, une marketplace pour les repas cuisin s la maison, a t tr s prudent dans l'organisation des fournisseurs en fonction de leurs comp tences culinaires. Pendant ce temps, leur concurrent VizEat a choisi de permettre quiconque de devenir fournisseur. EatWith se positionne comme l'option premium, avec des frais plus lev s, tandis que VizEat s'appuie sur sa large s lection. Le temps dira quelle approche fonctionne le mieux. Jusqu' pr sent, EatWith semble avoir pris le dessus en termes de financement et de notori t .

7. Qui paie la facture?
 tant donn que les marketplaces ont deux c t s - le client et le fournisseur - une consid ration importante est de savoir quelle partie paie la facture. En pratique, les deux signifient la m me chose: l'argent est partag entre vous et votre fournisseur. Cependant, pour des raisons psychologiques, la façon dont vous communiquez cela peut faire une grande diff rence.

Un facteur important est de savoir si votre marketplace est soumise des contraintes d'offre ou la demande. Jeff Jordan (ex-CEO d'OpenTable et GM of eBay), expert du march , constate que de nombreuses marketplaces traditionnels, tels qu'eBay et OpenTable, sont limit s par la demande: une fois qu'il y a suffisamment de clients, les fournisseurs affluent vers la marketplace. Cependant, il mentionne les marketplaces de l' conomie de partage comme Airbnb comme un exemple de marketplaces l'offre limit e, en particulier au d but: il tait difficile de convaincre les gens de louer leurs maisons des trangers.

Comme le dit Bill Gurley, «vous voulez cr er une plate-forme avec le moins de friction possible (la fois en termes de produit et de prix). Les r teaux lev s sont une forme de friction ". En g n ral, vous voulez r duire le frottement pour le c t avec lequel vous tes contraint. C'est pourquoi eBay et OpenTable facturent les fournisseurs, mais Airbnb place la plupart des frais sur les invit s. Il utilise un syst me o le client paie entre 6% et 12% du prix de la transaction et l'h te paie 3%.

Dans l'article classique de Harvard Business Review sur la dynamique des march s, Strategies for Two-Sided Markets, les auteurs soutiennent que, dans certains cas, la plate-forme devrait subventionner le c t le plus sensible aux prix pour r duire les frictions et conqu rir des parts de march . Cette tactique a r cemment t employ e par Uber, qui a r duit ses prix en raison de la concurrence accrue, et a tent d'emp cher le contrecoup des conducteurs en les payant plus qu'ils n'avaient «gagn ». Naturellement, cette strat gie n cessite beaucoup de capital pour fonctionner.

Les facteurs influents sur le marketplace.

Comme nous l'avons vu, un certain nombre de facteurs influent sur la d cision en mati re de prix. En guise de cadre simple, je pr sente les l ments suivants: commencez 10%, puis examinez la position de votre marketplace par rapport aux sept facteurs mentionn s dans cet article (co ts marginaux, canaux de distribution, effet de r seau, diff renciation des fournisseurs, taille des transactions et volume, qualit vs quantit , et qui paie la facture). Sur la base de cette analyse, ajustez le pourcentage.

En g n ral, vous devriez prendre aussi peu que n cessaire pour rester durable. Comme le dit Bill Gurley: «Les r teaux lev s sont une forme de friction pr cis ment parce que votre r teau devient une partie du prix au d barquement pour le consommateur. Si vous facturez un montant excessif, la tarification des articles sur votre marketplace est d sormais anormalement lev e (par rapport tout l ment externe votre marketplace). Pour que votre plate-forme soit le lieu de transaction «d finitif», vous souhaitez une tarification de pointe, ce qui est impossible si votre commission est la cause de facto d'un prix excessif. Les rakes lev s cr ent galement une impulsion naturelle pour les fournisseurs chercher ailleurs, ce qui compromet la durabilit .

Rappelez-vous que vous pouvez modifier les prix et que vous devriez probablement les modifier au fur et mesure. Cependant, il est toujours difficile d'augmenter les prix, alors commencer par un prix plus lev et le r duire si n cessaire est probablement une meilleure strat gie que l'inverse. Si vous souhaitez obtenir plus d'approvisionnement au d but en proposant des prix moins lev s, ce qui est souvent une bonne id e, vous devriez envisager d'offrir des r ductions bas es sur le temps («6 premiers mois avec 50% de r duction sur les frais!»). Il est important de communiquer clairement que les prix reviendront des niveaux normaux apr s la p riode de remise initiale.

Chapitre 6

Comment valider votre id e de marketplace avant de construire la plateforme.

Reconna tre une bonne id e de marketplace ou un mod le d'entreprise viable est difficile.

Si vous tes un aspirant entrepreneur qui envisage de cr er votre propre marketplace, vous avez probablement d j tudi le sujet et, esp rons-le, lu les chapitres pr c dents de ce guide. Vous avez maintenant cristallis votre id e et choisi un mod le d'entreprise viable.

 ce stade, vous tes probablement d sireux de lancer votre plateforme de type marketplace d s que possible. Intuitivement, cela a beaucoup de sens: comme cela a t mentionn dans le deuxi me chapitre, il est fort probable que la validation finale de votre entreprise ne se produira qu'apr s avoir lanc la plate-forme et que vous l'utiliserez.

Cependant, il y a un certain nombre de choses que vous pouvez et devez faire avant d' crire la premi re ligne de code, en embauchant quelqu'un pour cr er la plate-forme ou m me en utilisant un sans pour le lancer. Il est possible de pr dominer de nombreuses hypoth ses sur votre id e et votre mod le d'entreprise sans avoir de plateforme du tout. Dans ce chapitre, nous allons expliquer pourquoi et comment vous devriez le faire.

Pourquoi vous devez valider votre id e !

Le premier projet de d marrage auquel j'ai particip en 2014 tait une plateforme de de stockage dans le secteur du textile . Nous avons travaill tr s fort sur la plate-forme. Les fondateurs avaient un peu d'argent investir, alors nous avons fait tout seul. J'ai pass deux an avec l' quipe, mais les autres y ont qu'un an. Beaucoup de temps a t consacr la strat gie et au codage. Le commercial et moi m me avons assist des v nements de r seautage et ont adress aux investisseurs potentiels. Cependant, nos utilisateurs ne s'engageaient pas avec le produit comme ils l'esp raient. Quand nous avons r alis que la plate-forme ne fonctionnait pas, il tait trop tard pour pivoter. Nous d pens trop de temps et d'argent en construisant les mauvaises choses. Le projet a chou .
Heureusement d'autres de mes projets ont fonctionn par la suite mais les checs nous apprennent bien plus que les r ussites .
C'est pourquoi je vais vous livrer les erreurs ne pas commettre .
Apr s avoir pris un cong , je me suis passionn pour une autre id e de plate-forme en . Je me suis enseign Drupal d velopper une plate-forme de type marketplace o les utilisateurs pourraient s'entraider de diverses mani res. J'ai pass des milliers d'heures apprendre construire une plate-forme et j'ai effectu des recherches sur diverses tudes de cas telles que Couchsurfing et Freecycle. J'ai pass deux ans travailler sur le projet, mais j'ai finalement appris que mon produit ne r solvait pas vraiment un probl me r el pour mes utilisateurs. En cours de route, j'ai r ussi perdre beaucoup de temps.

Depuis lors, j'ai tudi de nombreux cas similaires provenant d'autres entrepreneurs du
march . Adam Berk, le fondateur d'une plate-forme de partage de voisinage pr coce, a
emprunt un excellent article qui d crit comment leur plate-forme a chou en raison de la non
validation de leurs hypoth ses de base.
Berk crit:

-Nous avons pass beaucoup trop de temps construire et insister sur des parties du site qui
comportaient 10 hypoth ses. Il y avait 50 façons de gagner de l'argent, mais nous n'avions aucun moyen de
gagner de l'argent. Pendant longtemps, nous avons fait tourner nos roues en essayant de comprendre la
d connexion. Nous devrions peut- tre lever plus d'argent. Ou nous avions juste besoin de plus de
couverture m diatique, maintenant que nous avons r ussi ce dernier test A / B. Peut- tre que c' tait notre
conception, qui n'a pas saut . Non, attendez, il se peut que nous soyons trop concentr s et que nous
devrions aller au-del des v los et des exercices.

-Sur la base de ces exp riences et des histoires des autres, je suis arriv   la conclusion que ne pas valider
votre id e et votre strat gie d'entreprise est la pire erreur que font aujourd'hui les nouveaux entrepreneurs
de marketplace. Comme je l'ai mentionn dans le premier chapitre de ce guide, de nombreuses quipes de
startups du march perdent du temps et de l'argent d velopper des plates-formes "plates-formes
d sertiques" bien construites, mais qui ne g n rent pas de traction. Cela se produit g n ralement parce
que l'id e et la strat gie de l'entreprise ne sont pas valid es.

-J'ai vu de nombreuses quipes perdre leur temps discuter de la couleur de leur logo lorsqu'elles
devaient vraiment parler leurs utilisateurs potentiels pour mieux comprendre leurs vrais probl mes. Les
entrepreneurs ont tendance tomber amoureux de leurs propres id es. Et quand ils le font, ils ignorent
facilement les commentaires des utilisateurs, surtout si cela entre en conflit avec leur id e originale.
Beaucoup sont victimes de "l'illusion de l'entrepreneur": si nous ne travaillons que dur, nous finirons par
r ussir. Ne fais pas ça. Si l'id e n'est pas bonne, aucun travail acharn ne l'am liorera.

Alors que ce qu'il faut faire c'est faire simple mes id es qui me font gagner de l'argent sont des
id es simples . (comme dinilaba ou <u>go-to-market.fr</u>)

Ce que vous devriez valider.

Comme le dit Marc Andreessen, capital-risqueur, la seule chose qui compte au d part est de
trouver un ajustement produit / march . L'ajustement produit / march signifie tre dans un
bon march avec un produit capable de satisfaire la demande sur ce march .

Steve Blank, le gourou des start-ups, r sout encore le probl me. La premi re tape est la
d couverte du client ou l'adaptation du probl me / de la solution. Ceci est fait avant de
construire le MVP (Minimum Viable Product) ou, dans votre cas, Minimum Viable Platform.   la
fin de cette tape, vous devriez avoir une id e de ce que le MVP doit faire. Dans un deuxi me
temps, vous essayez de trouver un produit / march adapt en lançant le MVP vos utilisateurs
et en essayant de gagner de l'argent avec lui. Nous allons maintenant nous concentrer sur
l'ajustement du probl me / de la solution. Dans le prochain chapitre, nous parlerons davantage
de la construction du MVP.

Pour r aliser un ajustement probl me / solution, la premi re chose faire est de noter vos
hypoth ses.
Chaque id e d'entreprise commence par un ensemble d'hypoth ses des fondateurs, et votre
objectif devrait tre de comprendre ce qu'elles sont et comment les valider le plus rapidement
possible.

Il existe de nombreux outils pratiques pour construire l'ensemble des hypoth ses de mani re
syst matique. Steve Blank recommande de commencer avec le Business Model Canvas (BMC).
 l'aide du canevas, vous d finissez les diff rents aspects de votre entreprise: vos propositions
de valeur, vos segments de client le, vos canaux de distribution, vos sources de revenus, etc. Il
est fort probable que des hypoth ses doivent tre valid es dans tous ces domaines. Il est
 galement fort probable que lors du processus de validation, vous vous rendez compte que
certaines de ces hypoth ses sont erron es. Plus t t ces donn es sont d couvertes, mieux vous

voulez ne pas gaspiller vos ressources en construisant quelque chose bas sur de fausses
hypoth ses.

Les business models de marketplacesont tr s sp cifiques aux march s. Il existe toutefois des
outils adapt s   la validation des hypoth ses li es au march .
Mais paradoxalement mon experience m'a appris qu'il faut lancer un produit m me minimaliste
pour tre s r dans ce cas il faut g rer le risque acheter produit minimal et le commercialiser
soit m me .

M me si vous tes millionnaire et que vous pouvez vous payer 40 commerciaux vous ne
pourrez jamais comprendre un march de niche avec des interm diaires qui sans le vouloir
modifie le message .

Beaucoup de litt rature a t   crite sur le sujet de la validation des mod les commerciaux. Si
vous ne choisissez que de lire un livre, je vous recommande The Lean Startup, une œuvre
embl matique d'Eric Ries. Lean Startup et les concepts initi s par Ries sont depuis devenus un
mouvement qui a aid des milliers d'entrepreneurs. J'aurais certainement conomis beaucoup
de temps et d'argent si j'avais connu ces m thodes lorsque j'ai commenc mon premier projet .

Si vous tes un entrepreneur en d marrage avec peu d'argent d penser, vous appr cierez
 galement le livre de Ash Maurya, Running Lean, faisant suite Lean Startup. Maurya propose
de nombreux outils pratiques et des instructions tape par tape pour les entrepreneurs qui
cr ent des soci t s Internet: comment trouver des utilisateurs potentiels interroger avant de
lancer, comment mener des entretiens et comment analyser les donn es collect es et dessiner
conclusions d'eux.

Comment valider vos hypoth ses

Maintenant que vous savez ce qui doit tre valid , il est temps de prendre un exemple tr s
concret et de voir comment valider les hypoth ses dans la pratique.

Lorsque je travaille avec des entrepreneurs du marketplace, j'aime commencer le processus de
validation en appliquant l'hypoth se «solution client-probl me» du «Guide du d veloppement du
client». Il fournit des questions qui vous aideront d marrer avec le processus de validation:

-Quels probl mes essayez-vous de r soudre?
-Qui a le probl me?
-Comment cette personne g re-t-elle le probl me maintenant?
-Comment comptez-vous r soudre le probl me?
-Pourquoi votre solution est-elle meilleure?

num rer les hypoth ses

Disons que vous pr voyez de cr er une marketplace pour les services d'entra neurs personnels.
Vous avez eu l'id e bas e sur vos probl mes personnels en tant que client existant de services
de formation personnels. Vous devez d'abord r pertorier les hypoth ses du point de vue du
client, en fonction de vos propres exp riences.

-La recherche d'un entra neur personnel via Google n'est pas pratique: il faut du temps pour
parcourir une liste de diff rents sites Web.
-D couvrir les meilleurs entra neurs personnels dans un certain endroit est difficile. Il n'y a pas
de moyen facile de comparer les fournisseurs et de trouver celui qui vous convient le mieux.
-Trouver un cr neau horaire gratuit et payer pour le service est compliqu puisque chaque
fournisseur dispose de son propre syst me de r servation et de paiement.

Les marketplaces ont toujours deux c t s et, comme nous en avons d j parl , vous devez
r soudre un probl me pour les deux parties. Donc, ensuite, vous consid rez le point de vue des
entra neurs personnels (les fournisseurs). Bien que vous ne soyez pas vous-m me un
entra neur personnel, vous pr sentez plusieurs hypoth ses concernant leurs probl mes:

Beaucoup de fournisseurs n'ont pas assez de clients parce qu'ils ne savent pas comment se
promouvoir en ligne. Ils n'ont peut- tre m me pas de site Web personnel et, s'ils le font, la
qualit est m diocre, ce qui nuit leur marque.
Le march des entra neurs personnels n'est pas aussi important qu'il pourrait l' tre, car trouver
et r server un entra neur est un tel obstacle. Si c' tait plus facile, plus de gens utiliseraient les
services d'entra neurs personnels et ils auraient tous plus de clients.
Les entra neurs personnels ne disposent pas d'outils suffisants pour g rer leurs horaires de
r servation et facturer leurs clients. La rationalisation de ce processus leur apporterait de la
valeur.

Alors que la plupart des entra neurs personnels ont toujours t r ticents utiliser des outils en
ligne, la situation est en train de changer et ils sont d sormais plus enclins passer l' re
num rique.

Sur la base de ces hypoth ses de probl me, vous proposez des hypoth ses pour les
propositions de valeur, les canaux de distribution et les flux de revenus. Vous les d composez
comme suit:

Proposition de valeur pour les clients: une exp rience de recherche simple et unifi e qui
regroupe un grand nombre de fournisseurs en un seul endroit, permet de les comparer en
fonction de leurs offres et du nombre de critiques reçues, et facilite la r servation pour ça.
Proposition de valeur pour les fournisseurs: Un moyen facile de configurer leur propre pr sence
en ligne, plus de pistes, des outils pratiques pour g rer les r servations et la facturation.
Canal de distribution pour les clients: tant donn que de nombreuses personnes recherchent
d j des services d'entra neur personnel, elles trouvent votre site dans les moteurs de
recherche d s que vous obtenez la premi re position dans certaines recherches par mot-cl .
Canal de distribution pour les fournisseurs: dans un premier temps, vous cr ez une offre en
contactant directement les fournisseurs et en les persuadant de les rejoindre. Plus tard, la
croissance passera par le bouche oreille.
Flux de revenus des clients: votre site est gratuit pour les clients.
Flux de revenus des fournisseurs: vous pr voyez de gagner de l'argent en utilisant le flux de
revenus le plus populaire pour les marketplaces modernes: facturer une commission chaque
r servation des fournisseurs.

Interviewez vos utilisateurs

C'est une liste d'hypoth ses! Il est maintenant temps de commencer les valider. Cela signifie
sortir du b timent et interviewer la fois vos fournisseurs potentiels (entra neurs personnels) et
vos clients (des personnes qui utilisent ou ont d j utilis des services de formation
personnelle). Vous devriez essayer de trouver au moins 10 personnes des deux groupes pour un
 chantillon suffisamment grand. Running Lean fournit des mod les d'interview utiles pour cette
 tape. Vous pouvez utiliser un tableau de validation pour suivre vos progr s.

Quelques exemples de questions pour les clients potentiels:

Comment trouvez-vous actuellement des services d'entra neur personnel?
 quelle fr quence recherchez-vous de nouveaux services d'entra neur personnel?

Comment savez-vous quels services d'entra neur personnel seraient les meilleurs pour vous?
Comparez-vous diff rents fournisseurs d'une mani re ou d'une autre?
Est-il facile de r server un entra neur personnel?
Est-il facile de payer pour les services de formation personnels?

Quelques exemples de questions pour les fournisseurs potentiels:

Pourriez-vous accueillir plus de clients que vous n'en avez actuellement?
Comment vos clients vous trouvent-ils actuellement?
Comment g rez-vous actuellement les r servations des clients?
Comment facturez-vous vos clients?
Avez-vous une pr sence sur le Web? Si non, pourquoi?

Il est important que vous ne dirigiez pas trop les personnes interview es pour obtenir les
r ponses souhait es. Au lieu de cela, vous devriez leur poser des questions relativement
ouvertes, couter attentivement ce qu'ils disent et r agir   leurs r ponses avec plus de
questions. Il est fort probable qu'au moins certaines de vos hypoth ses sont fausses. Vous
devez chercher   les trouver. Vous ne vendez rien pour le moment, ne parlez pas des avantages
de votre solution au d but de l'entretien. Au lieu de cela, concentrez-vous sur le probl me.
Si vous finissez par d couvrir que vos hypoth ses semblent tre vraies, vous pouvez parler de
la solution propos e et valuer leur r action. Lorsque vous discutez avec les personnes que
vous envisagez de facturer (les fournisseurs, dans ce cas), n'oubliez pas de demander s'ils
seraient pr ts   payer le prix que vous pr voyez demander (10% de la taille totale de la
r servation, par exemple). . Si, d'autre part, vous constatez que vos hypoth ses de probl me
sont erron es, il est pr f rable de ne pas d crire votre solution et de vous demander si vous
pouvez r soudre un autre probl me pour les personnes interrog es.
Effectuer vous-m me ces entretiens est crucial. Vous devez apprendre   bien conna tre vos
utilisateurs potentiels et   comprendre leurs probl mes r els, qui peuvent tre compl tement
diff rents de ceux auxquels vous vous attendiez. Par exemple, vous apprendrez peut- tre que
les entra neurs personnels utilisent d j un bon outil de r servation et de facturation et que leur
plus gros probl me consiste   obtenir plus de prospects. Cela signifie que vous pourriez avoir
besoin de modifier votre plan de flux de revenus: les entra neurs personnels ne voudront
probablement pas payer pour chaque transaction si vous n' tes pas en mesure de leur offrir
une am lioration suffisante pour leur processus de facturation. Au lieu de cela, vous pourriez
vouloir facturer par prospect, ou facturer aux fournisseurs des frais d'abonnement.

Du c t des clients, vous remarquerez peut- tre que, m me si les clients estiment que la
comparaison des fournisseurs est difficile, il s'agit d'une activit qu'ils n'engagent qu'une fois
tous les deux ans. tant donn qu'un seul client ne se livrera pas   de nombreuses
transactions, cela signifie que vous devez attirer une grande quantit de clients pour que votre
mod le d'entreprise fonctionne. Comme le note Bill Gurley dans son article classique:

-De nombreuses marketplaces en chec attaquent les cycles d'achat qui sont tout simplement trop rares,
ce qui rend beaucoup plus difficile la mise en place d'une notori t et d'une croissance de la client le.

Sur la base des donn es, vous remarquerez peut- tre que certaines personnes sont plus
sensibles   votre id e que d'autres. Apr s suffisamment d'interviews, vous commencez
remarquer certains mod les. Peut- tre que les plus jeunes aiment plus l'id e? Ou peut- tre une
client le tr s sp cifique (comme les m res au foyer fortun es entre 30 et 50 ans) a-t-elle
beaucoup plus de potentiel que les autres segments. Apr s une telle d couverte, vous pouvez
vous concentrer uniquement sur les clients de ce segment sp cifique et sur la mani re de
r soudre leurs probl mes. Rappelez-vous: il est pr f rable de faire d'abord aimer un produit
un petit nombre d'utilisateurs plut t qu'   un produit qu'un grand nombre d'utilisateurs
appr cient.

Etudier les donn es de recherche

Certaines hypoth ses sont plus difficiles   valider lors des entretiens. Par exemple, vous pouvez
baser votre mod le d'entreprise sur l'hypoth se qu'il ya 50 000 clients potentiels dans une ville de 1

million d'habitants, et ils vous trouveront principalement par le biais des moteurs de recherche. Comment validez-vous cette hypoth se?

Heureusement, il existe galement une m thode pour ce type de validation: vous pouvez tudier ce que les gens recherchent en ligne. Par exemple, avec des outils tels que Semrush, vous pouvez tudier la fr quence de recherche d'un mot cl donn .

Apr s avoir lu les chapitres pr c dents de notre guide, vous connaissez l'importance de la concentration, en particulier au d but. Comme les services de formation personnelle sont locaux, vous voudrez probablement vous concentrer sur une seule ville au d but. Disons que vous habitez Dallas, au Texas, et que vous voulez partir de chez vous (ce qui est probablement une bonne id e). Vous pouvez maintenant v rifier combien de personnes recherchent "dallas d'entra neur personnel" chaque mois. Si vous pouvez faire en sorte que tous ceux qui effectuent cette recherche s'inscrivent sur votre site, est-ce suffisant pour justifier votre mod le d'entreprise? De mani re plus r aliste, m me si vous parvenez faire de votre site le premier r sultat de recherche (ce qui peut tre tr s difficile), seuls 5 10% de ces personnes s'inscrire. Est-ce suffisant?

Vous devriez galement essayer de chercher ce terme sur Google pour voir ce que vous tes en train de faire. Qui sont vos plus gros concurrents? Existe-t-il d j de nombreuses annonces pour votre mot-cl id al? Si tel est le cas, vous devrez probablement travailler (ou payer) plus pour atteindre la meilleure position, sans parler d'offrir plus de valeur vos utilisateurs que vos concurrents.

Beaucoup d'autres choses peuvent tre faites en tudiant les termes de recherche. Ce webinaire offre de nombreux conseils sur la façon de valider la demande de votre marketplace l'aide de donn es de recherche.

Pour finir :

Dans ce chapitre, nous avons expliqu pourquoi la validation des id es de marketplace est importante. Ne pas valider les hypoth ses peut finir par tre extr mement co teux, la fois en termes de temps et d'argent.

Avant de cr er quoi que ce soit, vous devez crire toutes les hypoth ses relatives votre probl me, votre proposition de valeur, votre mod le d'entreprise et vos canaux de distribution, et les valider l'aide d'entretiens avec les clients et de donn es de recherche. Il est fort probable que certaines de vos hypoth ses initiales aient t invalid es. D'un autre c t , vous avez maintenant des informations inconnues qui ouvrent de nouvelles opportunit s.

Apr s avoir suivi ce processus, vous devriez avoir une id e relativement claire des probl mes r els de vos utilisateurs et des solutions possibles. Vous devriez tre beaucoup plus proche de l'ajustement du probl me / de la solution.

L' tape suivante consiste cr er la plate-forme MVP (Minimum Viable Platform): la plus petite solution possible qui r sout les probl mes de vos utilisateurs de mani re plus efficace que les solutions existantes. Avec le MVP, vous pouvez commencer chercher une adaptation au produit / au march .

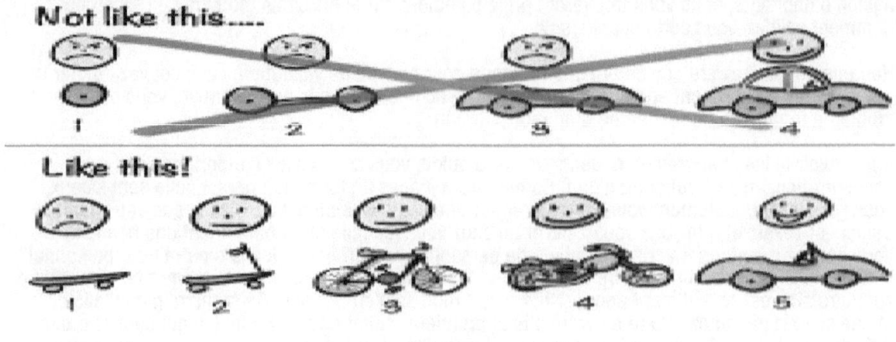

Dans les quatre chapitres suivants, nous allons nous concentrer sur la construction du MVP.

Chapitre 7

Comment cr er une plate-forme minimale viable.

Une fois que vous avez effectu le processus initial de d couverte du client, vous devriez avoir une id e relativement pr cise des probl mes r els de vos utilisateurs et de la mani re de les r soudre.

En d'autres termes, vous devriez tre proche de l'ajustement du probl me / de la solution. L' tape suivante consiste   trouver un produit / march   capable de trouver un march   suffisamment vaste avec un produit capable de satisfaire ce march .

Pour trouver une ad quation produit / march , vous devez cr er un produit minimum viable (MVP): une solution minimale qui r sout mieux le probl me principal de vos utilisateurs que les autres solutions existantes. Le produit est ensuite distribu   vos utilisateurs pour lancer le processus d'apprentissage.

Dans ce chapitre, nous nous concentrons sur la construction de votre MVP.

Qu'est-ce qu'un produit minimum viable?

Le terme Minimum Viable Product a t popularis par les startups Eric Ries et Steve Blank. Blank se r f re l'approche d'un MVP comme "la vente de la vision et la fourniture de l'ensemble de fonctionnalit s minimum aux visionnaires, pas tout le monde ».

Il est important de d finir qui sont vos premiers utilisateurs, les personnes les plus d sireuses d'exp rimenter votre solution et de donner leur avis, puis de d velopper l'ensemble des fonctionnalit s de base (et rien de plus) qui vous permettra de r pondre leurs besoins. Apr s avoir commenc utiliser votre produit, ces premiers utilisateurs vous fourniront des informations pr cieuses sur la mani re d'am liorer le produit. Vous devriez toujours couter leurs commentaires, apporter de petites am liorations en fonction de ces informations, leur apporter ces am liorations et leur parler nouveau pour voir si les probl mes ont t r solus.

M me en construisant un MVP, vous devez savoir quoi construire. Beaucoup de startups chouent parce qu'elles commencent construire un MVP sans pr -validation appropri e et se retrouvent avec des produits que personne n'utilise. Pour qu'un v ritable apprentissage se produise, votre MVP doit tre suffisamment performant pour r soudre un probl me identifi . L'image suivante d'Henrik Kniberg illustre comment aborder la construction d'un MVP et comment ne pas le faire.

Dans certains cas, la construction d'une solution de travail est un processus complexe qui n cessite beaucoup de travail. Des exemples typiques incluent des produits physiques ou des solutions logicielles plus avanc es. Dans ces cas, le MVP peut tre un prototype non fonctionnel qui valide la demande avant que le produit ne soit entre les mains des clients. Par exemple, vous pouvez cr er une vid o expliquant le fonctionnement du produit et l'associer un appel l'action pour acheter le produit ou vous inscrire. Pebble l'a fait avec sa campagne r ussie de smartwatch Kickstarter et son service de stockage de fichiers Dropbox avec sa vid o de produit et sa liste de diffusion.

Toutefois, s'il est possible de mettre un prototype fonctionnel entre les mains de clients avec un effort relativement limit , c'est d finitivement l'approche recommand e. L'histoire de lancement de Buffer, un outil d'automatisation des m dias sociaux, est une excellente tude de cas ce sujet. Ils sont pass s de l'id e au client payant en 7 semaines.

Est-ce assez viable?

Une erreur courante des entrepreneurs est de supposer que le MVP peut tre vraiment bugg ou moche. Ce n'est pas le cas. Bien que le MVP n'ait pas n cessairement besoin d' tre poli la perfection, il doit contenir un ensemble de fonctionnalit s requises, celles qui fonctionnent correctement et qui ravissent l'utilisateur. Si votre logiciel est cass ou semble inachev , cela donnera une tr s mauvaise premi re impression et dissuadera les utilisateurs. L'illustration suivante, r alis e par le concepteur de l'exp rience utilisateur Jussi Pasanen, illustre comment vous devez aborder le MVP.

Alex Iskold, directeur g n ral de Techstars New York, souligne que l'importance des startups qui construisent leurs MVP est trop souvent li e au minimum requis. Les fondateurs qui suivent les principes du d marrage all g ont tendance mal interpr ter le concept de MVP et lancer des produits trop simples et bruts. Cela se traduit par le fait que personne ne les utilise, et les entrepreneurs en concluant que leur id e enti re est mauvaise quand le MVP n' tait tout

The Value of Launching
an Exceptional Product vs. an MVP

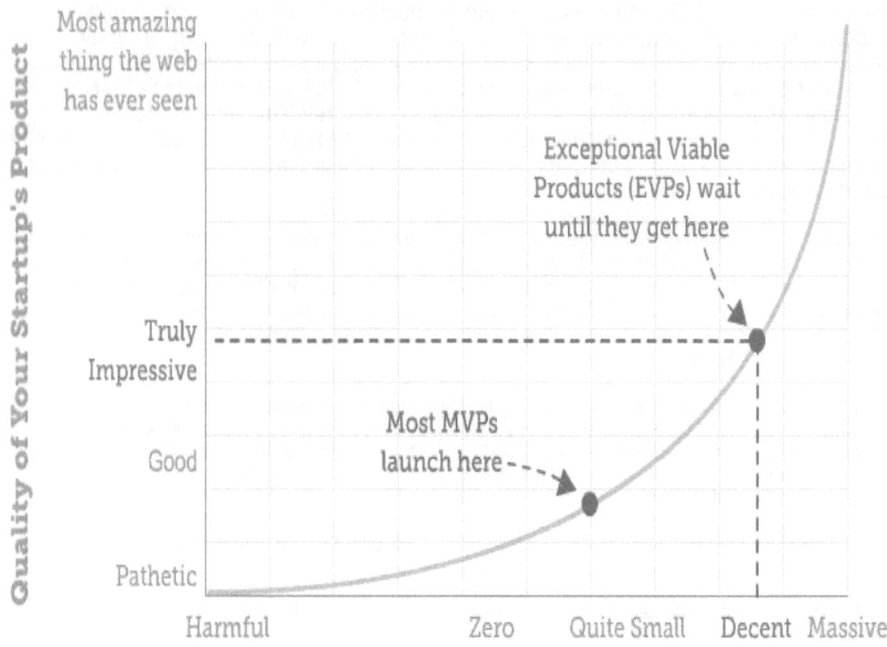

Au lieu de me concentrer uniquement sur le minimum ou la viabilit , j'encourage les entrepreneurs du march en herbe   concevoir des MVP visant   ravir leurs premiers utilisateurs. Cette approche s'appelle la construction d'un produit minimum attrayant (MLP), un terme invent par la grande quipe derri re l' cole The Happy Startup. Le MLP est "la version d'un nouveau produit qui ram ne le maximum d'amour de vos membres de la premi re tribu avec le moins d'effort." Je recommande fortement de v rifier leurs 10 conseils pour passer de viable   adorable.

Rand Fishkin, expert en marketing, parle galement du m me probl me. Il encourage les entrepreneurs   "ne pas livrer la m diocrit   mais   consacrer le temps et les efforts n cessaires pour   tre remarquables", et   construire un produit viable exceptionnel avant de le publier. Il illustre cette approche avec le diagramme suivant.

Une Plateforme Viable Minimum

Nous avons parl des produits viables minimum en g n ral et nous allons maintenant nous concentrer sp cifiquement sur les marketplaces. Dans le cas d'une activit de march , un MVP signifie une plate-forme viable. Ce terme a t invent par l'expert du march Sangeet Paul Choundary, qui explique comment une plate-forme devrait commencer par fournir une interaction unique entre ses deux parties.

Il n'y a pas de solution: lors de la cr ation d'une entreprise de type marketplace, vous ne pouvez valider que l'ad quation produit / march en lançant une plateforme et en demandant vos utilisateurs d'effectuer des transactions. Dans ce domaine particulier, une campagne de crowdfunding ou une vid o ne suffit pas - comme nous l'avons appris, beaucoup de gens diront qu'ils aiment votre id e et peuvent m me s'inscrire, mais le v ritable test est de savoir s'ils utiliseront votre plate-forme pour interagir avec d'autres. utilisateurs. Alors seulement, vous saurez que vous apportez vraiment de la valeur.

Revenons l'exemple de la cr ation d'un march pour les services d'entra neurs personnels que nous avons utilis dans le chapitre pr c dent. Vous avez interview des utilisateurs potentiels et identifi le segment de client le le plus prometteur. Les principales hypoth ses du point de vue des clients et des fournisseurs ont t valid es. Vous avez maintenant une proposition de valeur claire pour les deux c t s de votre march et, sur la base des entretiens (et peut- tre d'autres exp riences), vous tes certain que le probl me est suffisamment important pour tre r solu. Vous crivez vos propositions de valeur comme suit:

Proposition de valeur pour les clients (hommes fortun s de 35 55 ans): exp rience de recherche simple et unifi e qui regroupe de nombreux entra neurs personnels au m me endroit, permet des comparaisons en fonction des offres et du nombre de critiques reçues et facilite la r servation cr neau horaire appropri et payer pour cela.
Proposition de valeur pour les fournisseurs (entra neurs personnels): Un moyen facile de configurer leur propre pr sence en ligne, plus de pistes, des outils pratiques pour g rer les r servations et la facturation.
Vous tes maintenant pr t cr er une solution viable minimum qui offre cette proposition de valeur. La seule vraie validation de votre id e est que vos premiers vang listes commencent r server des services de formation personnels via votre solution. C'est votre objectif pour cette tape.
Comment construire la plateforme

Comment pouvez-vous construire le MVP (ou, plus pr cis ment, la plateforme Lovable minimale) si vous n' tes pas un programmeur? Pour beaucoup, la premi re id e qui vient l'esprit est l'externalisation. Cependant, cela pourrait ne pas tre la meilleure option et peut potentiellement entra ner beaucoup de temps et d'argent. Dans son excellent article, le PDG de Buffer, Joel Gascoigne, explique pourquoi il estime que vous ne devriez pas externaliser votre startup:

-Avec les startups, nous vivons dans un monde de «probl mes inconnus, solutions inconnues». Nous ne savons pas si notre nouvelle id e fonctionnera. Il faut une approche compl tement diff rente, et je pense que cela est presque toujours mal align sur la mani re dont un pigiste abordera les choses.
-Une autre approche consiste trouver un co-fondateur technique et leur demander de cr er le MVP gratuitement. Cependant, c'est plus facile dire qu' faire. Comme le note Gascoigne: "Je pense que vous aurez du mal trouver un grand cofondateur technique si vous n'avez que votre id e." Si vous attendez de trouver une personne appropri e, vous devrez peut- tre attendre longtemps . Et comme nous en avons discut , il est essentiel de lancer votre id e rapidement.
-Alors que faire? Gascoigne r pond:
-
-- Je crois sinc rement que la construction de votre produit vous-m me est le moyen le plus optimal et le plus rapide pour cr er une startup r ussie.
-
-Le d fi: il est difficile de programmer une simple plate-forme de march , m me pour les d veloppeurs exp riment s. Il y a beaucoup de choses compliqu es prendre en compte lors de la cr ation d'une plate-forme multi-faces avec des transactions mon taires. Apprendre coder et tout construire partir de z ro ne serait donc pas une option viable et prendrait probablement trop de temps.

-

-Les aspirants entrepreneurs d'aujourd'hui ont cependant de la chance. Comme le note Gascoigne: "Je pense que, surtout aujourd'hui, vous pouvez cr er une version enti rement op rationnelle (quoique potentiellement quelque peu manuelle) de votre d marrage sans coder du tout." Cette approche est parfois appel e MVP de d marrage manuel ou de concierge.

Cela dis il existe une technique que j'utilise je d coupe mon investissement de d part en 7
La premi re part pour le lancement la seconde pour les coups de serveurs et les 5 autres pour des modifications ainsi je m'embrasse pas d'un cto comme dis le proverbe mieux vaut ne pas se marier que se marier par raison .

Comment le faire vous-m me

Utilisons l'exemple familier des articles pr c dents: un march pour les services de formation personnels. Pour les fournisseurs, votre message principal est probablement de d velopper votre activit . En attendant, pour les clients, vous voulez probablement vous concentrer sur la facilit de trouver le bon formateur.

La plupart de vos utilisateurs tant des clients, vous estimez que la fonction la plus importante de votre page de destination principale est l'acquisition de clients. Les fournisseurs sont plus faciles acqu rir la main. Cela signifie que votre appel principal l'action doit tre dirig vers vos clients. Dans le cas des entra neurs personnels, vous avez identifi le segment le plus prometteur des «m res au foyer ais es entre 30 et 50 ans». Ils ne se soucient gu re de l' conomie, mais ils se soucient de la qualit du service et gagnent du temps.

Vous pourriez commencer avec un grand slogan comme "Trouvez le bon entra neur pour vous aujourd'hui" en haut de la page. Ou vous pourriez approfondir les besoins de vos utilisateurs cibles. Pourquoi veulent-ils trouver des entra neurs personnels? Parce qu'ils veulent se mettre en forme. Vous pourriez dire quelque chose comme "Le moyen le plus facile de se mettre en forme". Apr s le slogan, c'est une bonne id e de lancer un appel l'action, comme dans le cas de BlaBlaCar. L'approche la plus logique consiste demander vos utilisateurs d'entrer leur emplacement.

Du c t du design, en g n ral, les grandes images fonctionnent tr s bien. Dans ce cas, vous pouvez utiliser une photo d'une personne qui fait partie de votre entra nement de segment cible au gymnase, le formateur lui donnant des instructions. Si vous ne disposez pas d'une photo appropri e, de nombreux sites de photos fournissent des photos de qualit un prix abordable et vous permettent de filtrer leur collection de photos en fonction du sexe, de l'origine ethnique et de l' ge pour en trouver une qui corresponde votre public. Je recommande d'utiliser Stocksy.

D s que vous avez les premiers utilisateurs, vous devez ajouter leurs histoires, dans leur propre langue. Id alement, leurs exp riences correspondent l'histoire que vous souhaitez raconter vos clients potentiels.

Ci-dessous les propositions vos clients, vous pouvez parler des avantages pour les formateurs: "Obtenez gratuitement de nouveaux clients en annonçant vos services sur notre site!" Vous pourriez galement avoir un appel l'action secondaire pour les formateurs page.

Une autre option consid rer est d'avoir une page de renvoi secondaire distincte pour les formateurs. Cela vous permet de vous concentrer sur l'explication de votre proposition de valeur de mani re plus claire et plus directe, et vous donne galement un excellent endroit o orienter les formateurs potentiels si vous d cidez de les cibler avec de la publicit

Pour finir :

Dans cet article, nous avons discut de l'impact du langage et du design sur votre capacit
communiquer votre proposition de valeur principale et   faire une bonne premi re impression. Il
s'agit d'une premi re tape cruciale pour que vos utilisateurs restent sur votre plate-forme.

Il ne suffit pas de vous concentrer sur la langue et la conception de votre page de destination.
Vous voulez vous assurer que toutes les communications   vos utilisateurs, des emails de
support aux pages d'erreur, ont le m me langage et le m me style coh rent.

Nous allons maintenant nous concentrer sur la conception de votre marketplace. Par «design»,
nous ne voulons pas simplement rendre votre marketplace attractif; Comme l'a dit Steve Jobs,
«le design n'est pas seulement ce   quoi il ressemble et se sent. Le design est la façon dont
cela fonctionne. "Nous allons approfondir les pratiques qui font r ellement fonctionner votre
marketplace pour vos utilisateurs.

Chapitre 9

D finir votre liste de cat gories.

Lorsque vos clients savent ce qu'ils recherchent, la recherche est l'outil de choix. Cependant, lorsque
ce n'est pas le cas, le fait de pouvoir parcourir votre s lection devient important. La premi re action
typique consiste   s lectionner une cat gorie de produits pertinente. Les sites de petites annonces
comme Craigslist d pendent fortement des cat gories. Lorsque vous ouvrez Craigslist, une grande
liste de cat gories vous est demand e, indiquant clairement que la premi re tape logique consiste
en s lectionner une.

Les cat gories sont couramment utilis es pour d finir la structure de votre site. Ils guident galement
vos fournisseurs en leur indiquant quels types de produits ou services ils devraient lister. S'ils ne
peuvent pas trouver une cat gorie appropri e pour leurs marchandises, votre site pourrait ne pas
 tre le bon endroit pour leurs affaires.

La recherche ou les cat gories devraient-elles tre plus importantes sur votre site? Ça d pend.
G n ralement, la recherche est le meilleur choix, mais si votre site ne contient pas beaucoup de
choix, il serait judicieux de mettre davantage l'accent sur les cat gories. Il aide les clients   d couvrir
l'offre et r duit le risque qu'un client reçoive un message regrettable «Aucun r sultat de recherche».

Presque tous les sites de commerce lectronique traditionnels ont une structure hi rarchique de
cat gories, avec des cat gories, des sous-cat gories, des sous-sous-cat gories, etc. Un produit
n'appartient g n ralement qu' une seule cat gorie, mais il peut tre judicieux de cr er une sous-
cat gorie dans plusieurs cat gories de premier niveau.

Certaines marketplaces plus r cents suppriment toutefois compl tement la structure des cat gories.
Cela est particuli rement courant parmi les marketplaces qui ne pr sentent que des types de
produits ou de services tr s sp cifiques. Airbnb en est un bon exemple: au lieu d'une structure
hi rarchique hi rarchique, ils utilisent une recherche   facettes, une recherche d'emplacement qui
peut tre r duite en utilisant des filtres pour diff rentes fonctions d'appartement. Nous allons parler
plus en d tail des filtres un peu plus tard.

Si vous d cidez d'utiliser des cat gories, je vous recommande de les utiliser avec pr caution au
d but de votre marketplace. Trop souvent, je constate que les fondateurs du march   mergent
s'inspirent des grands sites de commerce lectronique et cr ent des structures de cat gories
complexes avec des dizaines de cat gories de premier niveau et des dizaines de sous-cat gories.
C'est une bonne id e uniquement si vous pr voyez de lancer votre site avec des milliers de produits.
Sinon, cela ne m nera qu' la frustration de vos utilisateurs. Parcourir une structure de cat gorie
complexe peut tre assez fastidieux, surtout si la plupart sont vides.

En r gle g n rale, aucune cat gorie ne doit tre vide lors du lancement. Si vous ne disposez pas de
suffisamment de ressources pour 100 sous-cat gories, envisagez de ne compter que 5 ou 6
cat gories de premier niveau et aucune sous-cat gorie. Sans une vaste gamme de produits, cela

suffira vos clients. Lorsque vous commencez acqu rir plus de produits et de fournisseurs, vous
pouvez ajouter de nouvelles cat gories et sous-cat gories en fonction de l'offre et de la demande.
Cette approche ax e sur l'offre se traduit par une meilleure convivialit pour vos utilisateurs.

Filtrage des r sultats

Afin de trouver exactement ce qu'ils cherchent, effectuer une recherche simple ou choisir une
cat gorie pourrait ne pas suffire vos clients. Avec beaucoup de r sultats, le client doit pouvoir
filtrer les r sultats selon diff rentes dimensions. Cela s'appelle la recherche facettes, et bien
faire les choses peut tre assez complexe. Dans leurs tudes, Baymard a constat que
seulement 40% des sites de commerce lectronique utilisent la recherche facettes et que
seulement 16% des principaux sites de commerce lectronique offrent une exp rience de
filtrage relativement satisfaisante.

Une erreur commune est le manque de filtres sp cifiques aux cat gories. Si votre marketplace
consiste vendre des chaussures et des sacs main d'occasion, vous pourriez avoir un filtre
pour la taille de vos chaussures. Cela est logique pour les personnes la recherche de
chaussures, mais pas pour celles qui recherchent des sacs. Vous ne devez afficher que le filtre
de taille de chaussures pour les clients qui recherchent des chaussures. C'est du bon sens,
mais Baymard a constat que 42% de tous les sites de commerce lectronique ne tirent pas
parti de cette strat gie.

La grande partie des filtres est qu'ils peuvent tre utilis s pour classer vos produits de
diff rentes mani res. Par exemple, vous pouvez utiliser des filtres th matiques. Si nous
continuons avec l'exemple de chaussures, un th me pourrait tre si les chaussures sont
appropri es pour l'hiver ou l' t . Cette classification ne convient pas une structure de
cat gorie traditionnelle, mais pour certains clients, elle peut constituer un facteur critique dans
leur recherche. Un autre exemple est celui des clients qui ne s'int ressent qu'aux chaussures
Nike et souhaitent filtrer en fonction de la marque.

Tout comme avec les cat gories, soyez prudent lorsque vous ajoutez de nouveaux filtres.
Chaque fois que vous envisagez d'ajouter un nouveau filtre, posez-vous la question suivante:
«Cela am liore-t-il vraiment la convivialit de mon site? Si vous ajoutez trop de filtres, votre site
devient trop encombr et vos clients auront du mal trouver le filtre sont en train de chercher.
De plus, lorsqu'une marketplace n'a pas une offre importante, les clients sont plus susceptibles
de se retrouver dans une situation o une combinaison de filtres ne renvoie aucun r sultat.
Ceci, bien s r, devrait tre vit . Au lieu de cela, commencez avec seulement quelques filtres
importants et ajoutez-en plus tard (si n cessaire). Tester votre site avec diff rentes
combinaisons de recherche, de cat gories et de filtres pour voir quel type de r sultats ils
renvoient n'est jamais une mauvaise id e.

Tri des r sultats

Chacun de vos clients est diff rent. Certains d'entre eux veulent le meilleur produit, peu importe le
co t. D'autres sont plus sensibles au prix et commencent chercher partir du bout moins cher. Un
troisi me groupe ne veut acheter que chez des fournisseurs fiables qui ont les meilleures critiques.
Pourtant, un autre groupe visite r guli rement votre marketplace et souhaite parcourir les derniers
ajouts. Une m thode de tri ne peut pas couvrir tous ces groupes.

En g n ral, la meilleure solution pour les r sultats de recherche consiste trier par pertinence: les
r sultats les plus pertinents en fonction de la requ te fournie par le client. Si l'utilisateur navigue
dans une cat gorie, vous pouvez d'abord afficher les produits les plus r cents ou m me s lectionner
manuellement les listes pour afficher d'abord les r sultats les plus importants de la cat gorie. Si
vous n'avez pas beaucoup de produits sur votre marketplace, cela pourrait suffire. Toutefois,
mesure que le nombre de produits augmente, les options de tri en fonction de la date de publication,
du prix et des notes du fournisseur peuvent tre utiles. Validez ceci en parlant vos clients; vous ne
voulez pas augmenter la complexit de votre site avec une fonctionnalit que personne n'utilisera.

Il est important de d terminer s'il est dans votre int r t de permettre aux clients de trier en fonction d'un certain attribut. Par exemple, le fait de pouvoir trier par prix pourrait inciter les fournisseurs r duire leurs prix pour atteindre le sommet de la liste. Cela, son tour, pourrait conduire des offres de qualit inf rieure. Une alternative viable consiste avoir un filtre de prix pour les utilisateurs sensibles aux prix.

Afficher les r sultats
Les deux m thodes les plus courantes pour afficher les offres d'une marketplace sont une liste et une carte. Les cartes sont souvent affich es c te c te avec une liste.

Comme une liste
La m thode la plus courante pour afficher les produits dans une liste consiste utiliser une grille de grandes images de produits. Cela a beaucoup de sens: des photos de qualit jouent un r le tr s important pour rendre votre marketplace attrayante. L'accent devrait tre mis sur cet aspect dans les premiers jours de votre marketplace.

Dans une grille traditionnelle, les "cartes" du produit ont toutes la m me taille. Une torsion sur la grille traditionnelle est d'avoir des hauteurs variables pour les cartes, comme popularis par le site de m dias sociaux Pinterest. Ce format affiche l'image enti re, ce qui est particuli rement utile sur les sites avec beaucoup de contenu g n r par l'utilisateur. Certains de vos fournisseurs utiliseront des images de portrait tandis que d'autres utiliseront le paysage, ce qui peut entra ner des effets de rognage g nants si toutes les cartes doivent avoir la m me taille.

Cependant, la grille de style Pinterest a ses inconv nients, en particulier dans un contexte de marketplace. Il s'agit d'un format de pr sentation efficace lorsque les utilisateurs doivent parcourir rapidement le contenu visuel, mais ne sont pas aussi bien adapt s lorsqu'ils doivent trouver un produit sp cifique. La vari t des hauteurs peut tre chaotique et g ner la facilit d'utilisation. Des probl mes de performances peuvent galement survenir lors du positionnement correct des images du produit. Pour ces raisons, je ne recommande pas cette approche pour la plupart des marketplaces. Etsy a r cemment essay de l'utiliser, mais a finalement abandonn , probablement pour ces raisons.

Si les produits ou services de votre place de march ne peuvent pas tre photographi s facilement, une simple liste pourrait constituer une meilleure alternative une grille. Oppex, par exemple, est une marketplace pour les appels d'offres publics, qui ne disposent pas de photos de produits appropri es. Toutefois, si vous le pouvez, vous pouvez utiliser une m thode cr ative pour utiliser les photos des fins de r f rencement afin de rendre votre site plus attrayant. Par exemple, si vos fournisseurs proposent des services intangibles tels que le conseil en entreprise ou le coaching, ils peuvent simplement utiliser leur photo de profil comme photo du produit.

Pour les cartes de produit, une bonne astuce de conception consiste afficher le moins d'informations possible. Cela permet au client de trouver plus rapidement les informations les plus importantes et de garder votre marketplace sans encombre. Les attributs les plus essentiels sont le titre et le prix de la liste (s'il en existe un). Une photo doit d finitivement tre affich e si une photo est disponible. Pour souligner que votre marketplace regroupe les produits des utilisateurs individuels au lieu des entreprises de commerce lectronique traditionnelles, y compris leur photo de profil et leur nom peuvent tre une bonne id e. Si la confiance est particuli rement importante sur votre marketplace, vous pouvez afficher la note de chaque fournisseur c t de leur nom. Si votre marketplace est bas sur la localisation, les informations de distance peuvent tre utiles pour les utilisateurs. Ces options de base devraient couvrir la plupart des cas courants. N'ajoutez pas une longue description du produit aux cartes, elles ne feront que cr er un encombrement excessif et cr eront du bruit inutile.

Il existe trois approches principales pour g rer la navigation. La plus traditionnelle est la pagination: vous affichez un nombre d fini de r sultats avec des liens pour passer d'autres pages de r sultats. Baymard a constat que les clients per oivent la pagination comme un moyen de navigation lent, ce qui les conduit souvent ne jamais d passer la premi re page. Dans certains cas, cela peut tre votre cible. Si vous estimez que les 20 premiers r sultats de votre recherche sont les plus pertinents et sont ceux sur lesquels votre client doit se concentrer, il peut tre judicieux de cacher le reste des r sultats de la pagination.

Cependant, dans la plupart des cas, il est logique de laisser vos clients parcourir tous les r sultats facilement. La pagination est particuli rement probl matique si les utilisateurs souhaitent comparer rapidement plusieurs produits, car cela peut impliquer de passer d'une page l'autre.

Le d filement infini est un moyen populaire d'acc l rer la navigation. Il fonctionne en chargeant automatiquement les nouveaux r sultats lorsque l'utilisateur fait d filer la page. Une autre option consiste proposer un bouton de chargement plus la fin de la liste des r sultats, permettant au client de d cider s'il souhaite afficher plus de r sultats. Si l'utilisateur clique sur le bouton, les r sultats sont ajout s directement sous les derniers r sultats au lieu de charger une nouvelle page.

Baymard a constat que la meilleure option est de combiner un bouton de d filement infini et un bouton de chargement: affichez d'abord 10 30 produits, puis continuez ajouter 10 30 autres produits au fur et mesure que l'utilisateur d file vers le bas. jusqu' ce que vous atteigniez 50-100 produits. Une fois en bas, vous devriez afficher un bouton Charger plus.

Pourquoi cette combinaison? Un probl me avec le d filement infini est qu'il emp che l'utilisation d'un pied de page sur votre site Web. Lorsque l'utilisateur fait d filer vers le bas de la page, les nouveaux produits sont automatiquement charg s et repoussent le pied de page. Pour utiliser un pied de page sur votre site, vous devez laisser de temps en temps une pause vos utilisateurs. Pour continuer charger plus de produits, ils peuvent cliquer sur le bouton Charger plus.

En outre, lors de l'affichage des r sultats de recherche, il est judicieux de se concentrer sur les l ments les plus pertinents. L'utilisation du bouton load more vous permet de le faire car cela donne moins d'importance aux r sultats obtenus apr s le bouton.

Sur une carte

Lors de l'affichage d'une carte, l'important est de d terminer la taille de la zone afficher sur la carte. En d'autres termes, quelle doit tre la taille de votre carte. Si vous utilisez l'API Google Maps pour les recherches bas es sur l'emplacement, il est utile de renvoyer un "cadre" bas sur l'analyse effectu e dans la requ te de recherche. Google comprend si le client souhaite une zone plus petite ou plus grande et affiche une carte au niveau de zoom appropri en fonction de cela.

De nombreuses marketplaces modernes offrent un moyen de rafra chir la recherche d'emplacement lorsque l'utilisateur d place la carte. C'est un moyen pratique d'affiner une recherche de lieu sans avoir saisir plusieurs fois la requ te de recherche. C'est certainement une pratique recommand e si vous pr voyez d'utiliser la recherche de lieu. La liste et la carte doivent fonctionner ensemble: si la carte est d plac e, la liste doit galement tre actualis e.

La liste et la carte peuvent galement agir ensemble. Un exemple: lorsque vous survolez une pingle sur la carte, la liste peut d filer vers cette liste. Inversement, si vous survolez une fiche, la carte peut mettre en vidence cette liste. Cela transmet des informations utiles au client, car il est en mesure de comparer rapidement les informations de localisation et les informations de r f rencement.

Dans une vue combin e de liste et de carte, la mani re la plus courante de naviguer est la pagination. La raison est pratique: la liste et la carte doivent toujours afficher les m mes listes, et la carte peut devenir encombr e si l'utilisateur fait un long trajet avec un d filement infini. Cependant, le bouton de d filement et de chargement infinis peut parfois tre utilis aussi.

LA d couverte automatique

Certaines marketplaces de services visent g rer la recherche et la comparaison de diff rents fournisseurs pour le compte du client. Ceci est particuli rement courant dans le domaine des applications mobiles « la demande» comme Uber et Instacart, qui sont toutes ax es sur le temps r el et l'efficacit . Sur ces marketplaces, le service fourni est tellement standardis que le client ne s'int resse pas vraiment au fournisseur. Ils conomisent le temps des utilisateurs en n'ayant pas comparer les fournisseurs. Au lieu de cela, la marketplace utilise un algorithme pour envoyer automatiquement un fournisseur appropri en fonction de la demande simple du client.

L'approche   la demande fonctionne particuli rement bien sur les marketplaces de services o le type de main-d'œuvre ne n cessite pas de livraison de comp tences professionnelles sp cifiques ni de nettoyage, par exemple. Pendant ce temps, les marketplaces pour les services professionnels - du d veloppement de sites Web aux r parations domicile - ne peuvent g n ralement pas utiliser cette approche efficacement. La garde d'enfants, la pension pour chiens et la prise en charge des personnes g es sont d'autres exemples de services pour lesquels les algorithmes ne suffisent g n ralement pas. Sur ces types de sites, les pr f rences personnelles et la confiance comptent beaucoup. Les clients veulent tudier de pr s les profils de diff rents fournisseurs, voir comment ils se sont d crits, ce que les autres clients ont crit leur sujet, etc.

Mettre tout cela ensemble avec un exemple
Il est maintenant temps d'appliquer tout ce que nous avons appris dans ce chapitre   notre exemple de marketplace des chapitres pr c dents: une marketplace pour les services de formation personnels.

L'approche automatique " la demande" ne fonctionne pas vraiment dans ce cas. Le niveau de service entre diff rents fournisseurs peut varier consid rablement, chacun ayant son propre style. Les clients voudront pouvoir comparer diff rents fournisseurs.

La premi re d cision consiste utiliser un mot-cl ou une recherche de lieu. Avec les services de formation personnels, l'emplacement est important: vous souhaitez trouver un formateur pr s de chez vous ou de votre lieu de travail. Pendant ce temps, on ne sait pas exactement ce qui serait recherch avec une recherche par mot-cl . Ainsi, une recherche de lieu est l'option logique.

Utiliser des cat gories a du sens. Ils constituent un moyen efficace de d crire l'attribut principal du service offert: type d'activit . Vous pouvez commencer par une hi rarchie un seul niveau et ajouter un deuxi me niveau ult rieurement si n cessaire. Par exemple, le niveau sup rieur pourrait tre le sport de combat, avec le karat , le judo et ainsi de suite.

Vous devez galement ajouter quelques filtres cl s d crivant les dimensions les plus importantes. Le prix est vident. Vos clients ont des budgets diff rents, ils doivent donc pouvoir filtrer en fonction du prix maximum qu'ils sont en mesure de payer. Une autre dimension logique est le niveau de formation: tes-vous d butant ou athl te professionnel? Le filtrage bas sur le sexe peut galement tre pertinent pour certains clients. Avec ces trois filtres, vous devriez tre pr t partir. Les options de tri ne sont pas requises, car la recherche d'emplacement g re suffisamment cette partie.

La mani re la plus logique d'afficher les r sultats est d'utiliser une carte et une liste c te c te. La liste devrait tre une grille, avec beaucoup d'emphase sur les photos. Les formateurs peuvent fournir des photos de leurs sessions de formation ou simplement utiliser des photos d'eux-m mes. La meilleure option de style de navigation est la pagination car vous ne souhaitez pas afficher trop de r sultats sur la carte en m me temps.

R sum
Dans ce chapitre, nous avons pass en revue les aspects les plus importants du bon processus de d couverte d'un march : recherche, cat gories, filtres, tri et affichage des r sultats.

La recherche est l'appel l'action le plus important pour vos clients. La premi re d cision prendre concerne la recherche par mot-cl et par emplacement. Les cat gories peuvent tre utiles pour structurer votre site, mais il peut tre judicieux de les ignorer compl tement, en les remplaçant par des filtres bas s sur diff rentes dimensions. Le tri par pertinence est g n ralement une option de tri par d faut suffisante, mais si votre marketplace a beaucoup de produits, d'autres crit res de tri peuvent tre utiles. Les deux m thodes les plus courantes pour afficher les produits ou services sont une liste et une carte.

Comme pour beaucoup d'autres choses, «less is more» s'applique galement la d couverte. Surtout dans les premiers jours de votre marketplace lorsque votre offre est limit e, il est conseill de ne pas avoir trop de cat gories ou de filtres, cela peut tre une source de distraction et conduire une d ception si aucun produit n'est trouv . Commencez par les bases et ajoutez une structure plus compl te au fur et mesure que votre marketplace se d veloppe et que vos clients commencent vous donner leurs commentaires sur leurs besoins.

Chapitre 10
Comment concevoir le flux de transactions de votre marketplace

De nombreux entrepreneurs du march en phase de d marrage accordent une grande attention au nombre d'utilisateurs inscrits sur leur marketplace. C'est une erreur.

Le nombre d'utilisateurs est une m trique dite de vanit qui ne vous dit pas si votre marketplace r pond r ellement aux besoins de vos utilisateurs. Le but de tout marketplace est de faciliter les transactions entre les utilisateurs. Sans transactions, votre marketplace ne fournit de valeur personne.

Nous d finissons une transaction comme un   change de valeur entre un client et un fournisseur. La transaction peut impliquer de l'argent, il peut s'agir d'un troc ou le fournisseur peut offrir son produit ou service gratuitement.

Une chose que vous devriez viser est la grande liquidit . Par liquidit , on entend la probabilit d'une transaction. Cela peut signifier diff rentes choses pour diff rentes marketplaces. Sur Etsy, cela signifie le pourcentage de produits vendus   partir de tous les produits disponibles. Sur Airbnb, cela signifie le pourcentage de chambres r serv es pour une nuit donn e. Sur Uber, cela signifie le pourcentage de conducteurs avec un passager. Sur Peerby, un marketplace bas sur des demandes d'emprunt aupr s de voisins, cela signifie la probabilit qu'une personne puisse emprunter un article demand .

 tant donn que les diff rents types de marketplaces ont des probabilit s de liquidit tr s diff rentes, il n'ya pas de chiffre de liquidit universel atteindre. N anmoins, il s'agit d'une mesure surveiller de pr s et essayer d'augmenter autant que possible. Une liquidit lev e, en d'autres termes, beaucoup de transactions et beaucoup de valeur fournie, devraient signifier des utilisateurs satisfaits.

Pour atteindre une liquidit lev e sur votre plate-forme, les transactions doivent tre transparentes. Dans le chapitre pr c dent, nous avons abord plusieurs mani res d'aider vos clients trouver le produit ou le service qu'ils recherchent. Cependant, m me s'ils trouvent ce dont ils ont besoin, cela ne garantit pas qu'une transaction aura lieu. Beaucoup de choses peuvent encore aller de travers ce stade. Dans ce chapitre, nous parlerons des moyens d'assurer que la transaction finisse par se produire.

Faire le paiement

La premi re chose d cider est de savoir si la transaction implique un paiement en ligne via votre place de march ou non. Comme nous l'avons vu pr c demment, la saisie du paiement est souvent essentielle pour votre mod le d'entreprise. La r ponse est donc g n ralement oui. Malheureusement, le paiement en ligne est galement une source majeure de friction pendant la transaction, ce qui explique pourquoi certaines marketplaces populaires tels que Thumbtack et OfferUp ont d cid de l' viter compl tement. Ils estiment qu'ils souhaitent faciliter un nombre maximum de transactions et ne veulent pas que le paiement en ligne se heurte des obstacles. Sur ces sites, le client et le fournisseur forment simplement un accord et effectuent l' change de fonds l'ext rieur de la plate-forme.

Si vous d cidez qu'un paiement via votre plateforme est n cessaire, vous devrez s lectionner un mode de paiement, d finir les tapes du processus de paiement et choisir le moment auquel le paiement est effectu .

Comment choisir le bon mode de paiement

Les cartes de cr dit sont le mode de paiement le plus courant car elles sont utilis es dans le monde entier. Ils sont particuli rement adapt s aux paiements en ligne, car les soci t s mettrices de cartes de cr dit fournissent g n ralement une couverture en cas de fraude. Cependant, les cartes de cr dit ne sont pas pour tout le monde car elles permettent aux gens de d penser plus qu'ils ne poss dent. Par exemple, dans de nombreux pays, il peut tre difficile pour les tudiants universitaires d'obtenir une carte de cr dit. Si vous construisez une marketplace de tutorat pour les tudiants universitaires, cela pourrait constituer un obstacle majeur. De plus, dans certains pays en d veloppement, la p n tration des cartes de cr dit est assez faible.

Dans certains pays, le paiement par virement bancaire (ou virement bancaire) est plus populaire que le paiement par carte de cr dit. Cependant, les virements bancaires ne sont g n ralement pas aussi pratiques pour les marketplaces car ils manquent de fonctionnalit s telles que la protection contre la fraude ou la possibilit de pr -autoriser les paiements (pour en savoir plus).

Apr s les cartes de cr dit, PayPal est probablement le moyen de paiement mondial le plus
connu. PayPal est g n ralement disponible pour les personnes n'ayant pas de carte de cr dit.
Avec PayPal, il est facile de transf rer de l'argent des particuliers ou des entreprises, m me
 l' tranger. PayPal propose galement un programme de protection complet pour les
acheteurs et les vendeurs. Cela est tr s utile si le fournisseur est une non-pr sentation, ou si
l'acheteur commande un article et pr tend ensuite ne jamais l'avoir reçu. PayPal aide les
acheteurs et les vendeurs r cup rer leur argent dans les deux situations. Un autre avantage
de PayPal est la confiance: de nombreux acheteurs pr f rent payer avec PayPal que de
partager les informations de leur carte de cr dit avec un site Web dont ils n'ont pas entendu
parler auparavant.

La gestion des paiements en ligne est un domaine fortement r glement . Construire votre
syst me de paiement peut impliquer beaucoup de bureaucratie. Si vous souhaitez que vos
fournisseurs puissent accepter les paiements par carte de cr dit, vous devez soit devenir
compatible PCI (ce qui est un processus tr s lourd), soit utiliser une passerelle de paiement qui
g re la bureaucratie pour vous. PayPal fournit une telle passerelle, de sorte que les
marketplaces utilisant PayPal ne doivent pas n cessairement tre conformes la norme PCI.
Les autres passerelles de paiement populaires sur les marketplaces sont Stripe Connect,
Braintree Marketplace et MangoPay. Chacun a ses avantages et ses inconv nients: Stripe et
MangoPay facturent g n ralement des frais moins lev s que PayPal et sont plus faciles
int grer, mais ne disposent pas d'un programme de protection des acheteurs et des vendeurs
de type PayPal et ne sont pas disponibles dans autant de pays.

Les tapes du processus de paiement

Le processus de paiement est l'ensemble des actions requises du client pour s lectionner un
produit ou un service, effectuer l' change et (si des paiements en ligne sont utilis s) effectuer
le paiement. Dans le commerce lectronique traditionnel, l'exp rience de caisse la plus
populaire concerne un panier d'achat. Le client ajoute tous les produits souhait s au panier et
passe la caisse d s que les achats sont termin s. Si vous vous attendez ce que la plupart de
vos utilisateurs effectuent plusieurs achats en une seule session, cela reste un excellent choix.

Beaucoup de marketplaces modernes ont remarqu qu'un panier d'achat n' tait pas n cessaire
pour eux. Si l& marketplace propose des locations, des services ou des produits d'occasion, un
panier d'achat est beaucoup moins courant. Apr s tout, cela introduit une tape
suppl mentaire: vous devez ajouter le produit au panier avant de pouvoir passer la caisse.
Une bonne r gle de base est que vous devriez avoir le moins d' tapes possibles. Lorsque vous
utilisez Airbnb, il n'y a pas d'action "Ajouter au panier": lorsque vous voyez quelque chose que
vous voulez, vous acc dez instantan ment la page de r servation.

Une tude men e par Baymard, l'institut de recherche sur la convivialit du commerce
 lectronique, a r v l qu'au moins 59,8% des clients potentiels abandonnaient leur panier
d'achat. Cela montre clairement qu'il ne suffit pas d'amener les gens d marrer le processus
de paiement. Surtout si le processus est compliqu , les gens ne suivront pas. Leur grande
 tude contient de nombreuses informations d taill es sur la mani re d'am liorer la facilit
d'utilisation du processus. Encore une fois, en regardant Airbnb, la v rification la plus simple
peut tre une exp rience d'une page.

Une question int ressante est de savoir si l'inscription doit tre obligatoire ou non lors du
paiement. On pourrait penser que sauter l' tape d'enregistrement ou de connexion est une
bonne id e pour rendre la caisse plus facile. Cependant, les marketplaces les plus populaires
comme Etsy et Airbnb exigent que vous vous inscriviez avant de pouvoir passer la caisse. Ils
semblent tre arriv s la conclusion que l'avantage d'acqu rir un nouvel utilisateur l'emporte
sur le co t d'une transaction potentiellement perdue. Obtenir plus d'informations sur les
utilisateurs peut galement tre important pour pr venir la fraude.

Quand l'argent devrait-il tre transf r ?

Sur les sites de commerce lectronique traditionnels, l'argent est transf r imm diatement
apr s la finalisation de la commande. Ce processus est id al si la disponibilit et le prix exact
du produit sont connus au pr alable. C'est g n ralement le cas lorsque vous achetez un produit
physique qui vous est exp di .

Toutefois, le transfert imm diat de l'argent ne fonctionne pas aussi bien avec les marketplaces
de la location ou des services. Consid rons Airbnb. Les h bergeurs veulent g n ralement revoir
et approuver quiconque r serve leur place avant que des fonds ne soient chang s. L'h te a
peut- tre oubli de tenir jour son calendrier de r servation, et le lieu peut ne pas tre
disponible apr s tout. Dans certains cas, le client peut vouloir n gocier le prix final avant de
payer.

Airbnb propose trois flux de paiement diff rents. Le premier est la r servation instantan e, qui
fonctionne comme un site de commerce lectronique traditionnel: le paiement est effectu sans
l'approbation de l'h te. Cette fonctionnalit doit tre activ e manuellement par l'h te.

Si l'h te n'a pas activ la r servation instantan e, la r servation peut se faire de deux
mani res. Le premier est la pr -autorisation: l'invit entre les d tails de sa carte de cr dit et
approuve le paiement, mais l'argent n'est pas transf r . Au lieu de cela, la soci t de carte de
cr dit garantit que la carte a suffisamment de cr dit pour que l'argent soit transf r au cours
des sept prochains jours. Un message est ensuite envoy   l'h te, qui peut approuver ou rejeter
la r servation. S'ils l'approuvent, la carte de cr dit est d bit e. S'ils le rejettent, aucun transfert
n'est effectu . Il convient de noter que, bien que la pr -autorisation soit possible avec les
cartes de cr dit et PayPal, d'autres m thodes de paiement (comme les virements bancaires)
pourraient ne pas le permettre. Il est important de garder cela l'esprit lors du choix de votre
mode de paiement.

Si le client souhaite n gocier le prix, il peut envoyer un message l'h te avec une proposition.
L'h te peut alors pr -approuver le prix. L'invit est averti et est invit   effectuer le paiement,
apr s quoi l'argent est transf r instantan ment. Au lieu d'accepter l'offre du client, l'h te peut
 galement le rejeter ou faire une contre-offre pr -approuv e.

Ces flux de transactions de style Airbnb peuvent galement tre utilis s sur des marketplaces
qui vendent des produits physiques. Par exemple, si la marketplace est utilis pour vendre des
robes de mari e d'occasion pouvant tre essay es avant l'achat, les fournisseurs pourraient
vouloir contr ler les clients avant de les laisser entrer chez eux. Si un march est utilis pour
vendre des produits sur mesure, une n gociation entre l'acheteur et le vendeur est souvent
n cessaire avant de d cider du prix final.

Sur certaines marketplaces de services, le transfert d'argent est encore plus d licat. titre
d'exemple, pensez une place de march pour les freelancers informatiques dans laquelle le
travail est effectu   l'heure. Le client ne conna t que le prix horaire au pr alable et le prix final
est comptabilis uniquement apr s la r alisation du projet. La punaise concerne souvent ces
types de projets, ce qui est probablement l'une des principales raisons pour lesquelles ils n'ont
pas encore trait les paiements en ligne.

Bien entendu, il est possible de concevoir une plate-forme sur laquelle le fournisseur peut
facturer le client. Cependant, comme nous en avons d j discut , le fournisseur a la possibilit
de contourner facilement le syst me de paiement d'une marketplace en envoyant
manuellement une facture. Upwork a r solu le probl me en fournissant aux fournisseurs
suffisamment d'outils utiles pour que cela leur vaille la peine d'utiliser le syst me de facturation
du site.

Virer l'argent au fournisseur

Dans un magasin en ligne, le flux de transaction prend fin une fois que l'argent est transf r du
client. Les marketplaces, en revanche, sont plus compliqu s. L'argent doit galement tre
transf r au fournisseur. Malgr les progr s consid rables r alis s au cours des cinq derni res

ann es, ce processus est encore tonnamment compliqu . Il y a deux d cisions principales que vous devez prendre ici: quand transf rer l'argent au fournisseur et comment le faire.

Quand transf rer l'argent au fournisseur.

L'option la plus simple consiste transf rer l'argent directement au fournisseur une fois le paiement effectu . Il existe toutefois des situations o ce n'est peut- tre pas la meilleure solution. Comme nous en avons discut dans un chapitre pr c dent, une partie de votre proposition de valeur pourrait tre d'agir comme un interm diaire de confiance qui garantit que le client obtient ce qu'il a command . Une façon de proc der consiste retarder le paiement du fournisseur jusqu' ce que le client confirme la r ception de la commande.

Il existe de nombreuses mani res de g rer la relation entre vos fournisseurs et vos clients. L'une consiste devenir un fournisseur de services, ce qui signifie que la transaction se passe essentiellement entre vous et le client. C'est ce que fait Uber. Les conducteurs ne sont pas en relation financi re directe avec les passagers. Uber garantit le niveau de service et facture l'argent. Les chauffeurs ont une relation financi re avec Uber en tant que contractants.

Il s'agit d'une approche viable, mais cela signifie galement qu'Uber, en tant que plate-forme, est responsable de tout ce qui se passe sur son march , y compris du niveau de service. Cela ouvre galement une autre bo te de Pandore: il n'est pas vident que les fournisseurs soient vraiment des entrepreneurs ou des employ s ind pendants. Il existe actuellement un recours collectif contre Uber qui pourrait changer radicalement la situation. Classer vos fournisseurs en tant qu'employ s repr sente un norme fardeau financier et r glementaire. Pour viter tout cela, il serait peut- tre pr f rable d'avoir une relation financi re entre le client et le fournisseur.

Il est possible de retarder le paiement sans tre le fournisseur de services vous-m me. L'un des moyens consiste obtenir un d p t fiduciaire, o vous agissez en tant que tiers de confiance qui d tient l'argent pour les parties impliqu es. Le d fi avec cette approche est que le fardeau juridique qui en r sulte est un domaine fortement r glement . Aux tats-Unis, le d p t fiduciaire est r glement au niveau de l' tat, ce qui signifie que vous devrez peut- tre acqu rir une licence d' tat pour pouvoir d tenir des fonds. Cela peut tre co teux et long. D'autres pays ont leurs propres r glementations.

Certaines passerelles de paiement offrent une solution de d p t fiduciaire pour les marketplaces, comme Braintree Marketplace aux tats-Unis et MangoPay en Europe. Ces solutions r duisent la charge juridique pour le propri taire de la plate-forme. D'autres, comme WePay et Stripe, choisissent plut t de collecter les d tails de la carte de cr dit mais facturent la carte uniquement lorsque l'argent est pr t tre d plac . Cette approche cr e moins de risques r glementaires, mais ne garantit pas la possibilit de facturer la carte lorsque le paiement est d . PayPal n'offre pas d'engagement. Au lieu de cela, il a opt pour la cr ation d'un programme de protection des acheteurs, en leur retournant leur argent en cas de fraude. Une place de march utilisant PayPal peut donc jouer le r le d'interm diaire de confiance sans retarder les paiements ou se conformer des r glementations complexes.

Résumé

Ce chapitre a porté sur la manière de rendre les transactions aussi simples que possible pour les utilisateurs de votre plate-forme. Il y a plusieurs étapes dans le processus de transaction d'un marché et des décisions doivent être prises pour chacune.

Le flux de paiement doit être aussi simple et peu nombreux que possible. La première décision consiste à utiliser ou non les paiements en ligne. Les méthodes de paiement les plus courantes sont la carte de crédit, le virement bancaire et PayPal. Vous ne devez déplacer l'argent du client que lorsque vous êtes certain que la transaction aura lieu.

Déplacer de l'argent à vos fournisseurs peut être étonnamment difficile, principalement en raison de la réglementation. Si vous souhaitez conserver de l'argent pour d'autres, vous pourriez avoir besoin d'une licence de dépôt fiduciaire. Vous pouvez également devenir le fournisseur de services et faire de vos fournisseurs vos sous-traitants (ou employés), ou ne débiter la carte de crédit qu'une fois le service fourni. Vos fournisseurs devront passer par un processus de vérification avant de pouvoir leur transférer de l'argent, ce qui peut poser problème pour les marchés où les particuliers échangent des articles de faible valeur.

Les avis sont importants pour renforcer la confiance sur le marché. Autoriser les révisions uniquement après les transactions monétaires est un bon moyen de réduire le nombre de fausses critiques. Les avis consistent généralement en une notation numérique et une description textuelle.

" Dernier conseil lorsque vous vendez quelque chose regarder votre interlocuteur dans les eux "